Sanación Divina
de la
Mente y el Cuerpo

Sanación Divina
de la
Mente y el Cuerpo

**El Maestro vuelve a hablar
en pláticas dadas por:**

M. MacDonald-Bayne,
M.C., Ph.D., D.D.

Grupo Editorial Tomo, S. A. de C. V.
Nicolás San Juan 1043
03100 México, D. F.

1a. edición, febrero 2000

© Sanación Divina de la Mente y el Cuerpo
Murdo MacDonald-Bayne
Daniel Company Limited

Traducción: Ma. del Pilar Quintana T.

© 2000, Grupo Editorial Tomo, S. A. de C. V.
Nicolás San Juan 1043, Col. del Valle
03100 México, D. F.
Tels. 5575-6615, 5575-8701 y 5575-0186
Fax. 5575-6695
http://www.grupotomo.com.mex
ISBN: 970-666-226-X
Miembro de la Cámara Nacional
de la Industria Editorial No. 2961

Realización del proyecto editorial: Luis Rutiaga
Portada, diseño y formación tipográfica.

Supervisor de Producción: Leonardo Figueroa

Ninguna parte de esta publicación podrá ser reproducida
o transmitida en cualquier forma, o por cualquier medio
electrónico o mecánico, incluyendo fotocopiado, cassette, etc.
sin autorización por escrito del editor titular del Copyright.

Impreso en México - Printed in México

Prólogo

Sería imposible que yo explicara cómo se dieron estas pláticas, porque sólo estaría dando mi opinión y eso sería incorrecto, pero puedo expresar los sentimientos que tuve.

Varios meses antes de que se me dieran estas pláticas, despertaba de mi sueño durante la noche escuchando una voz que aparentemente hablaba en mí. Pensé que estaba soñando, pero no era un sueño sino una voz real, no puedo decir si era mía u otra. Lo extraño era que al mismo tiempo, podía escuchar esta voz y razonar lo que decía.

Después de muchas experiencias como éstas, la voz dijo que se darían pláticas especiales cuando fuera el tiempo apropiado. El tiempo llegó y la voz habló explicando que las pláticas empezarían cierta noche, cuando se hubiera elegido a todos los asistentes. De ahí en adelante, no podría ingresar nadie durante la serie de pláticas, también, que estas pláticas debían tomarse en taquigrafía y en cintas grabadas para que no se perdiera nada.

Cuando llegó la noche esperada de esas pláticas, tomé mi lugar en el auditorio, estaba algo preocupado por lo que iba a suceder, cuando sentí que pasaba a través de mí una corriente eléctrica de 1,000 voltios.

No perdí el conocimiento, aunque del grandioso poder percibí una conciencia mucho más elevada que la mía. Pero parecía que misteriosamente estaba enlazado, lo cual no puedo explicar porque no lo sé.

Entonces pude escuchar mi voz, pero era diferente, hablando con gran autoridad, una autoridad de alguien que definitivamente sabía. Escuché con atención lo que decía y pude comprender con una claridad que nunca había tenido.

El lenguaje era perfecto, sin ningún error, sin duda, esto duró una hora, estaba sorprendido porque sabía que ningún cerebro humano podría repetir esa hazaña, sin embargo, esta hazaña se repitió cada semana durante catorce semanas.

Hasta que escuché las pláticas en la grabadora, supe que algo extrañamente hermoso había tenido lugar. Me asombraba, y sigo asombrándome, por la maravilla de todo esto. Ustedes mismos pueden leer lo que se dijo y si te da el consuelo y la satisfacción que me dio y también a los que tuvieron el privilegio de escuchar personalmente estas palabras, entonces no se hablaron en vano.

Ninguna palabra se agregó ni se eliminó.

Unas de las tantas experiencias de los estudiantes que estuvieron presentes, están plasmadas en las paginas siguientes.

M. MacDonald-Bayne

Pláticas dadas a través del Dr. MacDonald-Bayne

**Descripción dada por la
Señorita Bagot-Smith**
Una experiencia de transfiguración
que nunca se olvidará

En la primavera de 1948 se dieron una serie de pláticas en Johannesburgo, Sudáfrica. Para los que fueron elegidos para escucharlas, ésta fue una experiencia única e inolvidable. Ninguno de aquéllos que las escucharon pudieron volver a ser los mismos. Fueron horas de crecimiento y entendimiento espiritual más elevado. Fue como si se hubiera quitado de nuestros ojos un velo y pudiéramos ver con claridad. La verdadera presencia del Maestro fue tan real para nosotros, que nunca se desvaneció sino que creció en intensidad y vivacidad. Y desde ese momento, siempre que elevamos nuestra mente a las cosas espirituales, repentinamente sabemos que el Maestro está junto a nosotros, el Poder del Padre está en el interior y todo está bien.

En realidad no fueron las palabras las que hicieron que estas conferencias fueran tan asombrosas; fue cómo se transmitieron. Las mismas palabras sonarán en nuestros recuerdos para siempre, pero la Verdad más grandiosa se nos mostró sin palabras y ninguna descripción podría nunca transmitir la tremenda fuerza de la presencia del Maestro y a través de él, el Amor del Padre una notable evidencia, más real que cualquier cosa física a nuestro alrededor.

Cuando el conferencista entró, era un hombre amable y sonriente que todos conocíamos muy bien. Después, de una silenciosa pausa, pareció que él se exhaló de su cuerpo en un resuello repentino, dejándolo balanceándose y sin control. Después repentinamente, sucedió un cambio asombroso: una inspiración de aliento corta y brusca y el mismo Maestro estaba presente, en el mismo cuerpo, pero completamente diferente. Sabíamos perfectamente que el conferencista seguía siendo el hombre que todos conocíamos y respetábamos por años, pero al mismo tiempo era alguien totalmente diferente. El cambio era tan sorprendente que nuestros sentidos entumecidos apenas podían creerlo. Pero al mismo tiempo era cierto y sabíamos que era verdad. El hombre que estaba frente a nosotros, ahora parecía insólitamente alto, mucho más alto que el mismo conferencista. Las palabras no pueden relatar la fuerza de esta verdad asombrosa pero así fue. Nos vimos obligados a creerlo más allá de la evidencia de nuestros sentidos ordinarios.

Ahora estaba frente a nosotros un hombre, con aspecto superior, austero pero con mucha autoridad, con ojos brillantes y seguridad en su poder. Se paró frente a nosotros, derecho y alto, y con una profunda solemnidad pronunció su saludo acostumbrado:

"Que mi paz esté con ustedes"

Cuando el orador continuó y nosotros nos volvimos más comprensivos, el saludo cambió a "les doy mi paz y mi amor", y más tarde a "les doy mi paz y mis bendiciones".

La bendición se daba con los dos primeros dedos de la mano derecha levantada como un rey y nuestros humildes corazones se inclinaban ante su majestad.

Una tranquilidad se esparció por la sala: un poder vibrante como un torrente de calor pasó por nuestro cuerpo, quemando cualquier parte que fuera imperfecta y sanando mientras emanaba.

Como una plática le seguía a otra, pudimos sentir que nuestras vibraciones se elevaron y nuestro entendimiento se aclaró y se elevó a un plano mucho más allá de nuestra vida cotidiana. Con una comprensión naciente, escuchamos las verdades más grandiosas que hubiéramos oído y, sin embargo para nuestro maravillado asombro, nos dimos cuenta que eran las mismas declaraciones que habíamos escuchado y leído desde nuestra infancia. Pero sólo que ahora comprendíamos su significado. Repentinamente, la verdad apareció como rayo en nuestra mente, y por fin conocimos el poder de lo que el Maestro había dicho primero hace tantos años. Y entonces, sus verdades se convirtieron en una Realidad para nosotros, una parte de nuestro mismo ser, para guardarlas como un tesoro en un silencio de oro, desde ahora hasta la Eternidad.

Cada palabra cayó deliberadamente, sin un momento de vacilación, como gotas de agua o joyas que caen profundamente, una tras otra, en la poza del silencio alrededor de nosotros. Cada frase tenía una construcción perfecta, expresada sin ningún esfuerzo y sin detenerse a pensar.

Gradualmente llegamos a saber, con bastante sencillez y sin asombro, que no éramos las únicas personas presentes. Entre nosotros se encontraban nuestros seres queridos, los que habían hecho su transición antes que nosotros, mientras que, fuera de ellos, en círculos que siempre se ampliaban, se alineaban miles de entidades superiores.

El Maestro se dirigiría a todos nosotros, y después, con respecto a las cosas más profundas de la vida, él nos daría a cada uno lo que pudiéramos captar. A nosotros, con cuerpos terrestres, se dirigiría como "Tú con sentido mortal", mientras el Maestro alzaría sus ojos y hablaría directamente con los que últimamente hubieran fallecido, como mentes que habían adquirido una percepción ampliada, que ahora conocían el gozo de un plano más espiritual y amoroso e infinitamente libre.

Y luego, con admiración escuchamos, mientras el Maestro le hablaba a los que recientemente habían alcanzado su perfección más elevada. Los sentíamos más arriba y más atrás de nosotros, fila tras fila; pero nadie se movía o volteaba su cabeza porque nuestros ojos estaban prendidos en el Maestro.

Nuestro cuerpo desde hacía mucho se había desvanecido de nuestros sentidos, simplemente estaba en suspenso, como si estuviera pegado, inmóvil, y tomaría un esfuerzo definitivo moverlo de cualquier modo.

El Maestro nos bendeciría a cada uno a la vez, primero a nosotros "de sentido mortal" y luego a los Espíritus avanzados, tan elevados por encima de nosotros, y su voz sería afectuosa por su percepción mayor. En nosotros percibía una sensación arraigada de separación, en ellos, una unidad que era un alivio y un gozo para él. Qué pequeños nos sentíamos, totalmente indignos, gente pequeña y baja, casi como niños, levantando las manos con desconcierto a lo que aún era un misterio. Pero crecimos gradualmente a la estatura de nuestra propia mente y nuestro respeto personal. En la vida cotidiana nos encontramos avanzando donde anteriormente habíamos retrocedido con timidez nuestra voz salía con seguridad y autoridad. Parecía que nosotros también habíamos crecido y nuestro paso era más ligero, como si el ser espiritual se hiciera más fuerte que el ser físico.

Algunos vimos detrás del conferencista gloriosos colores; ondas moradas y doradas tan brillantes que casi lastimaban la vista. Para unos fue visible una cruz oblicua, para otros un rayo de luz blanca emanando por arriba de su cabeza, mientras que muchos vieron el largo cabello rojo-dorado y la barba, mientras se escuchaban música celestial y campanas de fondo cuando hablaba.

Cada vez se nos hizo más evidente que el Maestro había venido a darnos su antiguo mensaje: "Vengo a mostrarles al Padre".

Cuántas veces lo habíamos escuchado antes, pero con los sentidos obnubilados. Ahora empezábamos a entender.

Aprendimos del mismo Maestro Jesús como hombre, como si fuéramos muy sensibles, desarrollados, intuitivos, conscientes, como si no fuéramos la maravilla del Cristo interno, el Hijo del Dios Vivo. Él, el Cristo y su Padre eran un Ser. Por sí mismo no podía hacer nada; pero al identificarse con el Cristo, siendo uno con el Padre, pudo hacer todas las cosas y tener dominio sobre todas las cosas.

Cuando iniciaban las pláticas, su voz era grave y austera, como lejana, segura y firme como la de un líder hablándole a los seguidores que buscan el conocimiento. Pero cuando hablaba, su voz era afectuosa hacia nosotros, sus ojos brillaban con amor, su regocijo por nuestra respuesta y nuestra comprensión de su Espíritu.

Los oyentes crecían cada vez más. Y de vez en cuando, al hablar del Padre, se abrumaría con su propia emoción del amor que despertaría. Su voz se desvanecería y, olvidándose enteramente de nosotros, él se sumía en el Amor del Padre, que era como si un Ser real estuviera entre nosotros.

Nos hablaba más íntimamente a algunos tan cercanos como estar "más cerca que el aliento". Él se pararía cubierto por la gloria de la Divinidad. Él le murmuraría directamente a su Padre. Algunas veces escuchamos las palabras, "Padre, Los Amo, Los Amo y Amo a aquéllos que Tú me has dado Tus hijos. Te doy las gracias por ellos". Al detenerse, su rostro estaba iluminado con un amor de inefable ternura; una luz de éxtasis puro transfiguraba sus rasgos, casi cegadores por su intensidad; nuestros ojos no podían soportar el brillo que irradiaba de su rostro. Era como si hubiera entrado en algún Templo del Amor sagrado que nosotros no podíamos comprender. Llenos de admiración miramos la presencia del Padre tan fuerte, tan tangible, tan viva, que era mucho más real que la gente a nuestro alrededor. Ellos se desvanecieron; él estaba ahí; fuerte, poderoso, en la gloria más allá de la gloria.

Y nosotros también empezamos a conocer al Ser Paternal amoroso activo: no sólo una Divinidad pasiva, sino un Padre con una guía poderosa, cumpliendo todo lo que el Hijo pudiera desear, un Padre amoroso abrazándolo, protegiéndolo en un éxtasis de paz.

Un amor irradió a través de su presencia, a la vez que nos abrazaba a todos, imparcial y universalmente, obligándonos a darnos cuenta de la Verdad como una Verdad real, más allá de cualquier Verdad que la Presencia de Dios pudiera tocar o ver, el Padre amoroso, vivo, positivo, dinámico, un compañero silencioso, siempre en nuestro hombro, un Dios que viajaba a casa con nosotros, llegaba a la puerta con nosotros, protegiéndonos, para que, eternamente, ningún temor pudiera entrar a nuestra casa o nuestra vida. El Amor del Padre se convirtió en una realidad inconfundible. Las palabras del Maestro no nos dieron esa comprensión; era el propio amor intenso, gozoso, ardiente del Padre que imponía su conocimiento en nosotros. Y, por esta reciprocidad con el Padre, el Hijo estaba lleno de una paz y un esplendor de felicidad que era eterno e infinito.

Y cuando volvió a ascender con su Padre, él nos llamó sus discípulos y nos dejó su garantía:

"Os dejo mi paz, mi amor y mis bendiciones para que siempre estén con ustedes"

Cuando sentimos que era el final y añorábamos la maravilla de las pláticas nuevamente. Pero vino dos veces más, dando un intervalo intermedio de dos meses.

Estas veces, habló de diferente manera, pidiéndonos que buscáramos en nuestro corazón para ver qué tanto habíamos progresado a lo largo del sendero del Amor que él nos había enseñado. Él nos preguntó: "¿Su fe es tan grande ahora, que pueden caminar sobre las aguas?" Y también, "¿Su amor por el Padre ordena todos sus pensamientos y sus obras?" "¿Viven con amor con exclusión de todo lo demás?"

Cuán profundamente avergonzados nos sentimos por lo poco que habíamos hecho y cuán indignos nos sentíamos al tener el honor de su visita.

❖   ❖   ❖

El orador siguió hablando semana tras semana y muchas veces el Maestro, visiblemente, toma el poder de su cuerpo por un momento asombroso, justo al final, para darnos su solemne bendición. La transfiguración es completa, con su túnica, rostro, barba y cabello, viéndose a través de su luz resplandeciente alrededor de él.

"Que mi amor y mi paz estén siempre con ustedes".

Así que en la vida cotidiana, sabemos que el Maestro está junto a nosotros y caminamos por la tierra con reverencia, nosotros a quienes llamó sus discípulos, con el pleno conocimiento en nuestros corazones, que el Cristo inmortal está vivo y presente en nuestro mundo actual.

❖ ❖ ❖

La Sra. Patterson dice:

"No hay palabras adecuadas para expresar lo que vi y sentí cuando nuestro Maestro nos habló a través del Doctor. Por unos segundos percibí un silencio, distinto a cualquier cosa que haya sentido; parecía como si hubiera sido transportada a otro mundo. Después vi que todo el contorno del cuerpo del Doctor cambió; su rostro tomó una expresión bastante diferente e irradiaban rayos de luz de él. El rostro del Maestro se mostraba claramente.

"El auditorio estaba lleno de Poder y de Luz.

"En ese momento no me di cuenta, pero dentro de mí se dio un gran cambio. Quedé con una profunda sensación de seguridad en un Cristo Vivo, que es todo para mí".

❖ ❖ ❖

La Sra. Gilbert, una médium que ha viajado por el mundo, declara:

"He sido médium por más de treinta años, pero nunca había presenciado algo parecido a lo que vi con la transfiguración del Maestro. La luz que irradió de él era tan grande que tuve que cerrar mis ojos.

Nunca había escuchado música con tanta claridad. El auditorio estaba lleno de los que partieron antes que nosotros. Qué gozo era escuchar la voz que era clara, distinta, sin ningún fallo o error, por más de una hora. Ningún ser humano hubiera podido con tal oratoria".

❖ ❖ ❖

Las Sritas. S. A. y E. A. Arnott dicen:

"Lo más grandioso que ha sucedido en nuestras vidas fue que el Maestro se mostrara a sí mismo. Su rostro claramente brilló, sus ojos azules, con una barba rubia rojiza y su cabello a los hombros. La luz que irradió de él era más fuerte de lo que podían resistir nuestros ojos. Después nos acostumbramos a la luz brillante y pudimos observar cada movimiento. Fue una experiencia emocionante que nunca olvidaremos. Sus palabras estaban perfectamente formadas y no hizo ni una pausa o un error en más de una hora. Esto fue lo que más nos asombró. La forma del Doctor crecía unas cuantas pulgadas cuando el Maestro lo ocupaba. Ésta fue la primera experiencia que tuvimos de transfiguración, aunque lo hemos escuchado bastante".

❖ ❖ ❖

El Sr. A. Thomas declara:

"Soy una persona muy práctica y crítica, por ser ingeniero. Siempre dudé de lo que los demás vieron o escucharon y aunque he leído mucho sobre el tema de la mediumnidad, no estaba convencido. Pero cuando vi con mis propios ojos una luz tan brillante que tuve que cerrarlos, porque fue un poco antes de que pudiera acostumbrar mi vista a la brillantez, y entonces ver el rostro del Maestro que es tan familiar en muchas pinturas, me convencí de que era cierto. La voz del Maestro y su manera de hablar fueron más que perfectas. Dudo que algún ser humano hubiera podido realizar tal oratoria.

"Aunque el Doctor es un buen orador sé que no hubiera podido realizar esa hazaña. Mi esposa y mi madre asistieron a estas pláticas y ellas también vieron y escucharon lo mismo que yo".

Todos los presentes han dado testimonio de una u otra manera de las maravillosas experiencias que tuvieron durante estas pláticas del Maestro.

Plática 1

Yo Soy la Resurrección y la Vida, el Amor de Dios

Yo mismo soy la Resurrección y la Vida, aquél que crea en mí vivirá aunque haya muerto y ninguno de los que crean en mí morirá nunca.

1. Dios es Amor y el Amor es Dios, pero nadie sabe Lo que es sólo sabemos que Es. Tal vez hayan estado teorizando — ¡nunca hagan esto! Deben dejar que la Verdad se despliegue desde el exterior sin insinuaciones y no deben llegar a una conclusión, porque esto cierra el camino a la Verdad.

2. El Amor es el centro de todo el Universo y desde este centro emana un flujo continuo de Amor a través

de cada alma y de todo lo que tiene vida. A través de las flores, de los animales, de los seres humanos y los ángeles, este mismo Amor emana continuamente desde su Fuente Central, expresándose eternamente a Sí Mismo en Su verdadera naturaleza.

3. El Amor está en la afinidad de los minerales; el Amor es la esencia de las flores; el Amor se expresa en la naturaleza animal. En el hombre, el Amor se expresa en el afecto y, cuando se percibe plenamente, el ser íntegro queda colmado de Ello y cada célula de su cuerpo se revitaliza.

4. No hay otro poder en el mundo más que el Amor; Es el Poder único y verdadero en el cielo y en la tierra, porque Es eterno y siempre está presente en todas partes. Lo exterior morirá, pero el Amor siempre será, porque es la Omnipresencia de Dios.

5. Teorizar en el Amor no es sino un aspecto mental de Éste. Teorizar en lo que es el Amor, es perder su poder. Ustedes son la creación de la Vida Infinita que es Amor y el Amor Se expresa en Su verdadera naturaleza cuando se comprendió y se percibió de esta manera.

6. Todas las almas grandes sobre la tierra están expresando este Amor de diferentes maneras en distintas partes del mundo.

7. Las indicaciones vienen del exterior pero no pueden comprender la Verdad por indicaciones que surjan fuera de ustedes mismos. Por lo tanto, no

saquen ninguna conclusión con respecto a la Verdad, porque la Verdad es insondable y eterna. Yo estoy siempre-presente, expresándome en mi naturaleza Divina, que es Eterna.

8. Deben aceptar esto, pero no deben sacar conclusiones de lo que Es, o lo que no Es.

9. Recuerden, este poder supremo está esperando desarrollarse en ustedes; ustedes son el vehículo preparado por Él; su alma es el vehículo por el cual Él fluye. Estar consciente de esto, es el secreto del hombre-Dios.

10. ¿Qué es el espacio? Ahora están conociendo la rapidez de la transferencia de pensamiento que está entre ustedes y la mente que está influyéndolos. Estos pensamientos no conocen la distancia.

11. Nathaniel preguntó, "¿De dónde me conocen?" "Aún antes de que Felipe te llamara, mientras estabas bajo la higuera, Yo te vi. En verdad, les digo a todos ustedes que de ahora en adelante verán los cielos abrirse y los Ángeles de Dios ascendiendo y descendiendo al Hijo del Hombre".

12. Ustedes ya han presenciado esta Verdad. Todos son ángeles en formación; son ángeles nacidos, el nacimiento angélico existe en ustedes. Éste es el Amor de Dios. Algunos ángeles, que ahora existen, son los que alguna vez vivieron en uno u otro planeta.

13. Todo el Universo es íntegro y completo, expresando la Naturaleza Divina del Amor. El Amor es la

cualidad sagrada cohesiva, el único poder que puede sostener todas las cosas y está produciendo Su propia perfección.

14. Nunca hay nada mal donde existe el Amor, porque Es completo en Sí Mismo.

15. No hay nada que pueda interferir en el curso del pensamiento puro dirigido en la Vida, porque en realidad no hay distancias; el único requisito es un estado receptivo.

16. Ahora es posible recibir este maravilloso regalo del Padre que eternamente está fluyendo. Ustedes Lo pueden sentir al abrirse a Ello. No Lo reciben del exterior, sólo sepan que ansiosamente Está esperando Expresarse desde el mismo centro de su ser.

17. Se deben llegar a dar cuenta de Ello conscientemente y, cuando estén conscientes de Ello, entonces Lo sentirán en cada célula de su cuerpo, en su entorno, en sus amistades, en su negocio, en su hogar todo lo que pueda llenarse con Ello. Y no hay nada que pueda Resistirlo. Su naturaleza es tan sólida que Se compenetra en todas y cada una de las partículas de la sustancia que existe en el Universo. Sostiene todo el Universo y Le da el aliento y la vida; "Yo Soy la Vida y el Amor".

18. Todos sus pensamientos de Amor y Sanación enviados sin una dirección especial quedan involucrados en la corriente y nos ayudan a todos. Recuerden que nada se pierde en este mundo del pensamiento colmado de Amor.

19. El espacio es una idea errónea; le corresponde a la separación, pero en la Realidad no hay separación.

20. Permitan que su corazón y su mente descansen tranquilos con la comprensión de la omnipresencia de Dios. Incluso el niño llegará a saber que no existe el espacio o la distancia, porque todos ustedes moran en Dios y no hay absolutamente nada fuera de Dios.

21. Por mis propias experiencias descubrí que la carne cambia por el conocimiento conciente de la Esencia Divina del Amor. Es el Poder que crea todas las cosas y atrae todo hacia Sí.

22. Porque Dios, quien creó el mundo y todas las cosas ahí dentro, y Quien es el Señor de los Cielos y de la Tierra, no mora en los templos hechos con las manos, ni tampoco es atendido por las manos humanas, o Él tiene necesidad de nada, porque es Él quien dio la Vida y el aliento a todos los hombres.

23. Y Él hizo a todas las naciones de una sola sangre para que moraran en la superficie de la tierra, para que pudieran buscar a Dios y Lo encontraran por medio de Su Amor y Sus Creaciones.

24. Él no está lejos de ninguno de ustedes. Porque en Él todo vive, se mueve y tiene su ser, y como han dicho algunos de sus sabios, "todos son Sus semejantes". Sí, cuando me han visto, han visto al Padre.

25. No hay ningún misterio en estas palabras cuando las comprenden por completo. El misterio desaparece cuando se comprenden.

26. No puede haber una sola partícula de sustancia que no sea de Dios. Cada partícula en todo el Universo debe ser de Dios, porque sólo es Dios que Se expresa a Sí Mismo, y el Padre y Yo somos uno, entre nosotros no hay ninguna separación.

27. Por consiguiente, el hombre, por ser de la familia de Dios, no está obligado a adorar las semejanzas hechas de oro, de plata o de piedra modelada por la habilidad y el conocimiento del hombre en similitud a la Deidad. Sin embargo, los hombres se burlaron cuando falsearon la resurrección de los muertos.

28. Entiendan que la gran Verdad de la Omnipresencia, Omnipotencia y Omnisciencia de Dios es completa. Sepan que es Aquél Que Vive, y sólo Él Vive en todas las cosas con vida porque Él las creó a todas y Él no podría vivir apartado de Sus creaciones, porque Él es omnipresente.

29. Si de alguna manera Sus creaciones estuvieran separadas de Él, Él no podría ser Infinito, Él no podría ser completo en Sí Mismo. Toda creación fue realizada con el principio fundamental del Amor armonizando cada acto, manifestando Su naturaleza Divina. Y cuando el hombre perciba esta Verdad, entonces el hombre podrá crear en sí mismo el reflejo de esa Divinidad perfecta que producirá su Cielo en la tierra.

30. Y se burlaron porque escucharon de la resurrección de los muertos. Sin embargo, ¿cómo podría haber algo sin vida en el Universo? ¿Cómo podría haber algo

sin vida en la Vida Eterna de Dios? Se admite que se está dando un cambio en todo lugar, pero no hay nada muerto en ese cambio; cada partícula es una partícula viva que tiene cambios de una a otra forma. Lo que ve el hombre ignorante es la muerte, lo que el hombre sabio ve es la acción de la Vida. El hombre ignorante no comprende la ley de la transición de un estado a otro, por consiguiente, el hombre crea en su propia mente ilusoria lo que él llama muerte.

31. Ni una sola partícula en el Universo está muerta; cada partícula tiene vida, existiendo en Dios. Cada partícula, aún en su proceso de cambio, es una expresión viva de la Vida. Y el principio fundamental oculto es todo el poder del Amor, emanando de la Fuente Central del Amor hacia Sus creaciones más pequeñas.

32. Su mente consciente podría nublar u ocultar la visión, la visión de la totalidad de aquello que es de naturaleza Divina.

33. Pero ahora ustedes se encuentran en el lugar secreto del Altísimo y Él enjugará todas las lágrimas de sus ojos y no habrá más muerte, ni tampoco habrá más dolor, porqué las cosas anteriores pasaron a mejor vida.

34. "Yo Soy el Alfa y el Omega, el principio y el fin; daré abundantemente de la fuente del agua de vida a aquél que está sediento. En mí mismo está el principio y el fin, Yo soy Aquél que les ha hablado a los profetas, Yo Soy el Señor, el Cristo que mora en todos y cada uno de ustedes y no hay ninguna

separación entre nosotros, pero ustedes me han puesto muy lejos de su alcance".

35. Han pensado en su propia mente que soy inalcanzable, sin embargo, estoy viviendo en las cámaras secretas de su corazón impulsándolos continuamente para que me reconozcan.

36. Este es el Cristo que ha nacido en la familia humana, el Cristo que ha nacido en cada bebé. Es el Cristo que es eterno y vive después de la supuesta muerte. Es el Cristo en ustedes que debe vivir eternamente.

37. Incluso igual que los ríos fluyen y refrescan la tierra, así pueden liberar ese arroyo de Vida Eterna al exterior. La Sustancia Espiritual invisible, sola es abundante y es la única Realidad que ahora puede expresarse en su vida personal.

38. Su conciencia es el reflejo de Ello, su conciencia en lo material o físico es el reflejo de esta Vida Eterna expresándose a Sí Misma y cuando se dan más cuenta de Ello, Se vuelve más real para ustedes.

39. El cerebro, el sistema nervioso y la carne del cuerpo se llenan con Ello. Eleva la vibración de su mente a un estado que está fuera de su existencia terrestre. Sí, a la larga Ello transformará su cuerpo para hacerlo ese instrumento perfecto, porque la naturaleza Divina es la única Realidad.

40. Usen cada oportunidad para expresar aquello que saben. Dejen que su Amor salga y bendigan a

cada hermano, a cada hermana, para que el océano del Amor que brota en los corazones y las vidas humanas borre todas sus divisiones. Cuando bendicen a un hermano y una hermana con este Amor, entra y sale de su propio ser la Vida y el Amor de Cristo.

41. De ningún modo olviden estas verdades que están escritas en el Nuevo Testamento. Si expresan aquello que es verdad, ustedes también serán la verdad. Su verdadera naturaleza es Divina, dejen que ésta sea ahora su naturaleza, porque la Eternidad es ahora, cada momento de su Vida es ahora. Por lo tanto, no recuerden el pasado ni se impacienten por el futuro; el futuro se resuelve por sí solo, por su vida actual.

42. Todos deben llegar a comprender la Omnipresencia que llena todo el espacio, que no sabe del pasado o el futuro, sino que es eternamente presente, el mismo ayer, hoy y siempre.

43. Cuando empiecen a saber que todo el tiempo es el presente, dejan de "añorar", dejan de añorar las cosas por venir y quitan una gran tensión de ustedes. ¿Cuántos están tensos hoy? Porque no están viviendo en la Omnipresencia que es omnipresente. Viven en el pasado y en el futuro, y pierden la gloriosa expresión de la Vida Divina hoy.

44. La paz llegará a sus almas, las cosas que les preocuparon antes ya no los acosarán. No estarán agobiados con las cosas del mundo porque sabrán que todo lo que es mío es suyo.

45. El Espíritu es todo el poder y dirige todas las cosas, pero si lo observan desde el exterior, entonces no tendrán la posibilidad de participar nunca en la fiesta que es puesta frente a ustedes; pero si quieren entrar, pueden participar en la fiesta ahora y nunca habrá otro tiempo que no sea el presente.

46. Cuando ustedes, almas incansables, adquieren esta comprensión que sienten que deben cumplir mucho en un tiempo específico llegarán a saber que el Amor y el servicio son un placer y descanso.

47. Al principio estas palabras les parecen extrañas porque no las comprenden. Descansar en el Señor significa estar siempre con el Señor; y como el Señor es la expresión suprema del Todopoderoso, al saber esto no hay temor, no hay dudas y la Vida se vuelve un gozo.

48. Sólo hay pesar cuando están agobiados por las preocupaciones del mundo. Eleven sus corazones y regocíjense en el hecho de que su Padre sabe que están en necesidad y ha preparado todo para ustedes; la mesa ya está puesta. Pueden venir a la fiesta ahora si lo desean y participar en todo lo que puedan; lo único que se necesita es su capacidad para recibir.

49. Renovarán sus energías y abrirán vías más amplias para otras experiencias, con una sensación de paz y serenidad que viene de aquello que no considera el tiempo y el espacio como un factor esencial, porque Él no conoce el tiempo o el espacio, siendo Inmortal y Eterno.

50. Vivir en el espíritu es vivir en la Realidad, no involuntariamente y en limitación. ¿Cómo puede haber algún tiempo o espacio en el Infinito? Acepta que vives en la Mente de Dios que llena todo el espacio, porque no hay ninguna parte donde Él no esté.

51. Si en verdad sabes que tú eres el Ungido de Dios, que existe eternamente y es inmortal, el Poder Creador y animador dentro de la Mente, entonces, no puede haber tiempo o espacio.

52. Puedes llegar al estado donde no hay tiempo o espacio y entrar en la totalidad del Señor tu Dios, que mora en tu alma; el Señor es el único Poder que hay. Yo *Soy* el Señor.

53. El "Amor" es la Vida eterna inmortal y gloriosa ahora, que es un descanso y un gozo, una satisfacción muy plena para hacerte ver hacia atrás o hacia adelante, cuando sabes que el Amor es la Vida inmortal ahora. El alma que se ha dado cuenta de esto se instala en la vastedad de la Presencia, que siempre está activa en el presente y nunca en el pasado o el futuro.

54. Siempre piensa esto cuidadosamente, para que tu gozo pueda ser total. "Yo Soy" el Amor perpetuo. Este Amor fue el que Yo vi con tanta claridad. Supe que Dios era Amor y, por ser Su Hijo, entonces yo también debía ser Amor. Descubrí que para mí no podía haber nada más que Amor y sin importar qué se me hiciera, aún sabía que debía seguir siendo el

Hijo de Dios, el AMOR Eterno Siempre Presente, perfecto, que no conocía el pasado o el futuro, ni pecado o muerte.

55. "Lázaro, sal", fue hablando del plano Espiritual, percibiendo sólo la Vida inmortal. Si pueden comprender estas palabras, se darán cuenta que la Vida es eterna e inmortal. Ustedes también pueden expresar la palabra, si su conciencia puede captar la Realidad de Ello y lo que expresen se manifestará porque se ha creado en el ahora.

56. A ustedes les afectan las indicaciones que vienen del exterior, indicadas por las condiciones que los rodean; ustedes creen en la muerte y en la descomposición; pero en la Realidad no hay muerte ni descomposición, sólo hay cambio y esto es la Vida. Si pudieran ver esta Vida inmortal detrás de todos los cambios y Percibirlo conscientemente, entonces, Yo digo que cada partícula de todo su cuerpo quedará colmada de Ello.

57. "Yo Soy" el Señor, "Yo" no cambio. Abran sus ojos y vean en su interior esta poderosa Verdad.

58. Pueden ser casi iguales a Dios ya que están preparados para manifestarlo. Cristo, el Hijo de Dios, desde el corazón de la humanidad llega al hombre impulsándolo a que despierte su Conciencia Divina, porque en todos y cada uno el Cristo está vivo siempre. Hay una paz eterna en el corazón cuando se reconoce esta Verdad.

59. "Yo Soy el Señor su Dios. Yo Soy uno con el Padre, el Padre y Yo nunca estamos separados, siempre estamos trabajando juntos en ti".

60. Las siete obras de Cristo ahora se vuelven reales para ustedes, en este momento, en vez de pertenecer al período pasado. El Cristo experimenta el nacimiento de la Vida en el Templo que no está hecho con las manos.

61. El símbolo del niño Divino en los brazos de María, la Madre, no es sino el símbolo del Cristo que nace en cada bebé. El Padre se individualiza en todos y cada uno, manifestando así el nacimiento de Cristo, el Hijo Eterno de Dios en la Vida terrenal.

62. Volteen a su alrededor y mírense entre ustedes y digan, "¿De donde viniste?" Sólo el Padre lo sabe.

63. La unción es la consagración de la vida a Dios. Después viene el despertar del Cristo en el Templo que sólo ha sido hecho por Dios.

64. Según su comprensión el Cristo se manifiesta en ustedes, para que consagren su vida a Dios.

65. Después viene la tentación. La tentación estaba en el mundo para que Cristo la superara: "He vencido al mundo".

66. La crucifixión significa que todos están crucificados. Todos deben pasar a través de sus propias puertas de Getsemaní; algunos pasan por ellas de una manera, otros de otra. Así se purifican por su experiencia.

67. La más grandiosa de las experiencias fue que pude entregar mi vida a través de la crucifixión para volverla a reanudar, no en mi propio beneficio sino en beneficio de todos los que viven, "y los que creen en mí nunca morirán", porque ya han encontrado el secreto de la Vida Eterna.

68. Luego viene la resurrección, la resurrección del alma fuera de su cuerpo mortal. El Cristo es el Espíritu de Dios manifestándose en la carne, la ascensión es el verdadero reconocimiento de esta Realidad, la comprensión verdadera del Cristo Eterno.

69. El Cristo está en ustedes y nada del exterior puede servir; la evolución del Alma única exalta toda la raza, para que todos puedan ser uno.

70. La comprensión total del tiempo como el único elemento presente, sin pasado ni futuro, eliminará las ideas falsas y las enfermedades heredadas. Sólo el bien que hace el hombre tiene alguna vitalidad. Luego cesa para apoyar el trabajo de la ignorancia, el pecado y las cosas del pasado.

71. La mente de casi todas las personas está sobrecargada por el poder del pecado. La ignorancia y el pecado del mundo es lo único que pueden ver. No se puede ver al Cristo a través de la ignorancia y el pecado. Sólo se puede ver al Cristo a través del Amor de Dios; la expresión completa y perfecta del Amor del Padre es Su Hijo, que vive eternamente en el presente.

72. Yo Soy el Hijo de Dios por el Amor. Así ustedes también deben convertirse en hijos e hijas de Dios por el Amor. De ninguna otra manera pueden convertirse en hijos e hijas verdaderos de Dios.

73. Son hijos e hijas de Dios nacidos porque Cristo, el Espíritu de Dios, está en ustedes. Cuando perciban a Cristo, ustedes sabrán *serlo*. Después, la emanación del Amor fluye por el corazón que comprende; esto está fuera de la concepción de cualquier alma humana que aún no ha despertado.

74. En sus sentidos físicos ustedes hacen que lo bueno y lo malo parezcan tener iguales poderes. Esto es teorizando con un sentido mortal, no es la verdad de la Realidad.

75. En Dios no hay ni bueno ni malo, Dios es la expresión completa perfecta del ahora. Si dicen que el Dios omnipresente es bueno y que también existe el mal, entonces su razón es de culpa, —¿cómo puede existir el mal en la omnipresencia de Dios?

76. Sus ideas falsas hacen que crean que existe el mal. No especulen, sólo dejen que el Amor de Dios Se exprese a través de ustedes y descubrirán lo que los hace temer; lo que entorpece su verdadera expresión, se disolverá en la nada — que es donde pertenece. Piensen y verán que está en su propia mente, que ustedes están creando el temor y el mal, porque no es y no puede existir en la omnipresencia de Dios.

77. El Amor es la única realidad y es perpetua; entonces, dénse cuenta que esta perpetuidad es la Eternidad libre de todas las condiciones.

78. La oscuridad no es sino la ausencia de la luz. Cuando sus corazones estén colmados de Amor no podrá haber oscuridad en el alma, porque el Amor es la Luz del mundo. La Verdad es la búsqueda de la Luz del mundo; el "Amor" es la primera Causa y cuando encuentren esta verdad habrán descubierto todo. Como el Amor saca nuestro temor, así el Amor echa fuera todo lo que es contrario a la naturaleza verdadera.

79. El temor es un pensamiento de poder generado por el ser, por falta de comprensión y tiene el efecto temporal de detener el flujo de la Vida en el alma y el cuerpo.

80. ¿Temerían si supieran que *ustedes* son el Señor? ¿Temerían si supieran que el Cristo es *su* ser verdadero? ¿Temerían si supieran que sólo existe Dios y que era Él expresándose a Sí Mismo y que *ustedes*, Sus creaciones, nunca pueden separarse de Él?

81. Observen la Cruz y vean qué lección les da. ¿Rechazarían al Padre, aunque se les azote y se les crucifique con clavos que atraviesen sus manos y sus pies? Su única fuerza radica en Él que siempre está con ustedes, que los creó a Su semejanza AMOR.

82. El temor tiene el efecto de cambiar el cuerpo a través del proceso químico, pero para vencer estas

condiciones se aplica el antídoto del Amor, el único poder permanente en el Universo.

83. Cada pensamiento, cada movimiento y cada acción causan un cambio químico en el cuerpo. Continuamente están cambiando la estructura de su cuerpo por el temor y la ansiedad; esto es inarmonía. Pero el Amor es armonía y sanación para el alma y el cuerpo.

84. El Amor es el poder que supera todas las cosas y trabaja a través de toda la Naturaleza. Dios se expresa a Sí Mismo, sosteniendo el cuerpo, el templo que no está hecho con las manos.

85. Cuando dejen que sus temores salgan, descubrirán que su naturaleza-Divina restaurará el estado normal de su cuerpo, el cual está en armonía.

86. Nada se ha creado excepto a través del Cristo. Como dijo Juan, la Palabra estaba con Dios, la Palabra era Dios y la Palabra se hizo carne; y sólo a través de la Palabra todo se creó. Yo Soy esa Palabra, Yo Soy la Palabra de Dios, Yo Soy la Vida, Yo Soy el Señor.

87. Vean claramente esta Verdad en ustedes mismos, sabiendo que lo que es posible para mí, también es posible para ustedes, si creen en mí.

88. La paz y la serenidad llegará a sus corazones cuando sepan que están pasando por todas las etapas del Cristo, desde el nacimiento hasta la Ascensión.

89. El Amor es poder y la verdadera expresión de la Vida. El Amor se vierte de su fuente en un raudal continuo y es el único poder que realmente hay.

90. El Amor es la Energía de la Vida pasando a través del cuerpo. El Amor es una pasión de gran poder en todas las almas vivas, el Amor fluye por todos los planos de la existencia; el Amor es la base de todas las obras Divinas y es la salvación de la Raza.

91. Cuando se dan cuenta que este Amor está dentro de ustedes mismos, entonces el Poder supremo crece desde su interior. Ningún poder viene del exterior.

92. El Amor se vierte de su Fuente en un raudal continuo y es el único Poder Real que hay; Él sostiene el alma y el cuerpo.

93. Es el arrobamiento en el corazón, el protector del alma y el cuerpo. Todas las obras Divinas están basadas en el Amor de Dios.

94. Todos están sujetos a la Divinidad; entre más sepan esto, más se vuelven como Dios. Todos están sujetos al mismo poder, porque no hay más Poder que el Poder Infinito de la Vida. Por lo tanto, la omnipresencia de Su Naturaleza Divina es una Realidad.

95. El Amor es el único Poder que existe en todo el Universo: todo responde a ello. Todas las flores, los animales, los humanos y los Ángeles responden a la adoración del Amor.

96. Como el Amor es Dios, debe ser el poder más grandioso que hay. El Amor armoniza todo. El Amor no puede separarse de nada en la Naturaleza, porque es la causa detrás de toda manifestación verdadera y

continuará cuando todas las demás condiciones se hayan eliminado.

97. No piensen que el Padre los ha abandonado cuando se encuentren en el dolor. Los está haciendo más perfectos, un instrumento más perfecto a través del que Él puede manifestar Su Poder Creador.

98. En sí, la ignorancia no tiene un principio, así como el error no tiene un principio. Las matemáticas tienen un principio, pero el error no puede tener ninguno, porque cuando el error se corrige, desaparece, por lo tanto, aprendan que la ignorancia y el error no tienen poder propio.

99. El profeta escribió en Proverbios, "Mi hijo, toma esta miel porque es buena y este panal que es dulce a su gusto; así debe ser el conocimiento de la sabiduría en el alma, cuando ustedes lo han encontrado; entonces habrá una recompensa y sus expectativas no serán interrumpidas".

100. El Amor es el bálsamo secreto que todos podemos usar, los cultos, los ignorantes, los sabios y los tontos. Habla todos los idiomas y Es el refugio de descanso del alma.

101. El rango que tienen en el mundo no significa nada. Para ustedes lo más importante es su capacidad para recibir y dar Amor Divino, la verdadera expresión del Mismo Dios.

102. Dios es Espíritu y el Espíritu es la Vida; la Vida es Amor y el Amor es la fuerza vital en todas las cosas;

Es la armonía en todas las cosas, entonces, debemos venerar con Amor si queremos alcanzar el conocimiento de Dios.

103. Los ídolos y las imágenes no son sino símbolos en la mente y sacamos muy pocos beneficios de ellas; debemos darnos cuenta del Amor de Dios. Cristo es el Espíritu de Dios y se le ha dado todo el poder en el cielo y en la tierra a través del Amor.

104. La gente está desconcertada por las sanaciones que ocurrieron hace 2,000 años, pero es muy poca la diferencia con las sanaciones que suceden actualmente entre nosotros; la única diferencia es el hecho de que se puede usar una personalidad distinta. Pero el que sana es el mismo Cristo.

105. Lo Real es el Principio del Amor. Dios creó el Universo con el simple pensamiento, positivo y creador, que es la expresión de Su naturaleza de "Amor". Entonces, el Amor es la unión entre Dios y la raza humana. Esta Energía Divina es el lazo eterno que nos sostiene unidos a Él, que nos creó a Su propia imagen y semejanza.

106. Así, la raza humana se convierte en el vehículo de la expresión del Amor y ésta es la verdadera ciencia de la Vida.

107. Cuando miramos en la Fuente del Amor, la naturaleza de Dios se convierte en nuestra naturaleza. Lo que veo que hace el Padre, lo hago igual. Para ustedes ya no es extraño, que mis pensamientos se

vuelvan el poder sanador que cambia el éter de la enfermedad y de la muerte en el de Salud y Vida.

108. Por el poder del pensamiento santo, sus cuerpos también cambiarán de la carne mundana a la forma espiritual.

109. Todos son hijos e hijas de Dios por nacimiento y todos se convierten en hijos e hijas de Dios a través de la comprensión y el Amor. No hay nada más grande en el corazón de un hombre que la expresión de su naturaleza Crística: no hay un poder más grande en todo el mundo. *Por el Amor, sano; por el Amor, vivo.*

110. A través de su comprensión la verdad se les revela que todos somos hijos e hijas de Dios y a partir de este punto únicamente, se vuelven una civilización más grandiosa en la tierra.

111. El Amor de Dios a través del Cristo debe morar en todos y cada uno de ustedes. Busquen primero el Reino de Dios y Su justicia, y todo lo demás llegará por añadidura.

112. Y cuando oren, crean que ya han recibido lo que pidieron y lo tendrán. Cuando pregunten, pregunten a la Mente de Dios; entonces, se establece en el Espíritu y lo que se estableció en el Espíritu debe llegar en la forma, a condición de que estén receptivos a ello, a través de la comprensión de la Fe.

113. Todos recibirán su herencia aún en la oscuridad que los rodea, porque la Luz que ilumina al

mundo está dentro de ustedes y nunca se puede apagar.

114. Todos juntos somos herederos de todo lo que es de Dios cuando logramos alcanzar un corazón comprensivo, lleno de Amor. "Ustedes hijos, que siempre están conmigo, lo que es mío, es de ustedes".

115. Por mis labios, a la tierra dormida le llega la Trompeta de la Verdad. El Señor, su Dios, es un Señor y éste es el Espíritu Infinito en toda la raza humana.

116. Yo Soy la Luz del mundo; aquél que me siga nunca caminará en la oscuridad; disfrutará la luz de la Vida.

117. Los Fariseos dijeron, "Tú estás hablando por ti mismo, tu evidencia no es válida". ¿No es lo mismo actualmente?

118. Yo les contesté: "Aunque hablo por mí mismo, mi evidencia es válida, porque sé de donde vengo y hacia donde voy —mientras que ustedes no saben de dónde vengo o hacia dónde voy. Ustedes juzgan por lo exterior, yo no juzgo a nadie; y aunque juzgue, mis juicios son verdaderos, porque yo no estoy solo — estoy yo y el Padre que me envió".

"Que la Paz y el Amor estén con Ustedes"

Oh, Padre Eterno de Amor, nos alegramos en Tu Presencia.

Sabemos que Tú siempre estás con nosotros y nunca podemos estar separados de Ti.

Estamos expresando Tu Vida y Tu Amor.

Tú me enviaste a este mundo a preparar a otros por lo que ha de venir. Y deben convertirse en Tus Ángeles para darle Tu Amor a otros.

Éste es el gozo de la Vida, deja que este gozo sea suyo, así como es mío por siempre y para siempre.

Haz que sea su lema por la mañana, la tarde y la noche, para que siempre puedan estar en paz.

Aún si la ignorancia oscurece la luz de Tu Presencia, ayúdalos a ver la Verdad Divina:

"Yo Soy el Señor; se me ha dado el poder y el dominio sobre todas las cosas".

Tu Paz les dejo, porque Tu Paz es eterna y cuando la busquen así puedan encontrarla.

Amén.

Notas del Escritor:

Ésta fue la primera plática que nos dio el Maestro. Los asistentes se sorprendieron más allá de las palabras, porque casi nadie había visto nunca una transfiguración. Un rayo de luz brilló desde lo alto, iluminando todo el auditorio, y el rostro del Maestro se vio claramente, y los que lo presenciaron fueron distintos de ahí en adelante.

Plática 2

"... y una Voz llegó del Cielo"

1. Estas pláticas se están grabando mientras hablo; esto ayudará a que recuerden lo que he dicho. Es difícil recordar todas las palabras que se dicen y es difícil transmitirle a la mente el significado que está detrás de las palabras, pero si ponen atención podrán comprender. Mis palabras son profundas, cargadas de Verdad eterna.

2. La única forma en que pueden transmitirle a la mente algo que es indescriptible, es dándole la llave para que ustedes mismos puedan abrir la puerta y éste es el significado de las palabras "... y una Voz llegó del Cielo".

3. El cielo no es un lugar sino la conciencia de Dios. ¿De que, están conscientes? ¡Piensen un momento! ¿Sólo están conscientes de ustedes mismos, conscientes

de las cosas externas, conscientes de lo que ven y escuchan con sus ojos y sus oídos? ¿O están conscientes de una voz interior que está esperando revelarse a Sí Misma en ustedes, revelar Su grandeza, Su poder supremo en su vida?

4. La última vez que nos reunimos aquí, dejé bien claro que el Infinito — la Vida y el Amor que les mencioné está sobre y fuera del concepto del sentido mortal, pero sé que Dios es Infinitamente dócil y humilde, así como grande y maravilloso. Él satura todo el espacio y crea todo y, cuando toman conciencia de esta Vida perpetua, Es la respuesta de las aspiraciones más profundas y elevadas del alma, porque el Amor se satisface a Sí Mismo.

5. Este Amor es el único poder que existe en el mundo y cuando entiendan esto a fondo, ya no temerán. El Amor emana de la Fuente Central del Infinito Mismo, expresándose a Sí Mismo en todo, desde lo más bajo hasta lo más elevado. Fluye por todos los planos de la manifestación, desde las sustancias minerales hasta los Seres angélicos más elevados que existen en el Cosmos.

6. Aprendan primero y totalmente que "son" y serán para siempre. Su condición actual es una oportunidad para el desarrollo Espiritual. La condición que tienen actualmente es muy necesaria.

7. Cuando llegan a aprender la gran Verdad, que lo único que hay es el Espíritu y que no puede haber nada más que el Espíritu, caen de su vista los niveles.

8. Me veo obligado a usar sus palabras y su forma de expresarse. Éstas son totalmente inadecuadas para transmitir las verdades Espirituales, pero al abrirse al Espíritu interior, sabrán que lo que he dicho es verdad.

9. Así, juntos examinaremos las grandes verdades de Dios y de Su descendencia, la raza humana.

10. Tú, el verdadero tú, no eres la forma exterior o visible, ni tu personalidad es el verdadero tú, porque esto está lejos de la verdadera semejanza de su ser real. Ustedes son un Ser Consciente que vive en la Realidad, la voz del cielo. Perciban esta voz del cielo en su interior y también me conocerán.

11. Cuando ven la escena más hermosa y desean representar esa escena en un lienzo, el resultado no es más que una copia de ello y nunca se puede comparar con lo real. Lo mismo sucede con ustedes.

12. Lo real está en el plano Espiritual y existe ahí como su ser verdadero. Lo exterior no es sino una copia y está empañada por el arte de la mente que reacciona al mundo externo por los sentidos.

13. Dejen que el interno se manifieste en el exterior, Su maravilloso poder de Amor y Paz. El Principio Creador que existe en todo el Universo es invisible a los ojos de los humanos, invisible a los ojos de los Ángeles, pero existe como la Realidad única en todo, como el proceso de creación, el Principio Creador en todo, y a través de ello deben llegar todas las cosas visibles. Entonces, no empañen el exterior por la ignorancia y el temor.

14. ¡Yo Soy la Vida! Yo me conozco a mí mismo como la Vida; por lo tanto, en mi conocimiento, me convierto en la Vida y a través de mí y por mí, se ha hecho todo lo que está hecho. El Padre y Yo somos uno, porque no hay otra Vida.

15. No les puedo transmitir con palabras lo que veo y sé, no obstante, dentro de ustedes está el Espíritu que los iluminará con la gloria que continúa incesantemente, "ahora", para que ustedes se den cuenta.

16. La percepción de este poder Espiritual fue la base de la fe de Pedro y le permitió a mis discípulos hacer milagros sin embargo, no hay milagros cuando se comprende la Ley. Y cuando también se den cuenta de este poder supremo interior, sabrán que el Principio Creador está en su propia conciencia, siendo su conciencia el medio por el cual Se expresa. A través de su conciencia todo se manifiesta en su propia vida, porque es el Mismo Padre el que vive en ustedes. De esto siempre estoy consciente; esto es lo que deben también percibir.

17. Los niños instintivamente saben cosas. Quedan sin respuesta muchas preguntas relevantes que desea saber el niño por la ignorancia de aquellos que supuestamente lo guían. Estas preguntas quedan sin respuesta porque quizás una vida anterior también se preguntaron. El alma que desea la verdad puede abrir la Puerta para: "Mirad, me paro en la puerta y toco, y quienquiera que abra, entraré y cenaré con él y él

conmigo". Esta es la gran Verdad poderosa del Dios Vivo: El Padre y Yo somos uno.

18. La comprensión de esta Verdad permite que llegue a su vida aquello que es perpetuo. Hay una gran fuerza de Poder Creador trabajando en y a través de ustedes — pero no la ven. Aunque es Aquello que Se manifiesta, y debe hacerlo a través de ustedes, porque fueron creados especialmente con ese propósito.

19. Quiero que piensen claramente en lo que he dicho, para que puedan percibir la Verdad indescriptible que la mente mortal no puede describir. Lo Indescriptible sólo puede percibirse, porque lo Indescriptible es en Sí Mismo la Verdad y se manifestará totalmente cuando La perciban. No es LO QUE Es, sino QUE Es.

20. Ustedes crean de nuevo por la Vida que fluye del centro de toda la Vida y el Amor. Así, la voluntad de Dios se hace en la tierra como en los cielos y eso lo pueden hacer ustedes "ahora".

21. Parece que hay una barrera que nos separa entre lo visible y lo invisible, pero esto no es verdad; no hay ninguna barrera excepto en su propia mente, sólo ahí existe la barrera entre nosotros. Entonces, deshágase de esta barrera, de esta separación a través de la comprensión y el Amor.

22. Cuando penetren en la gran Conciencia de Dios ya no estarán contentos con las sombras de las cosas, sino que buscarán aquello que es real y verdadero.

Lo invisible es lo verdadero, lo visible no es sino la sombra.

23. Cuando ven algo a través de sus ojos mortales, dicen que es real porque pueden sentirlo y verlo. Lo que están viendo no es sino la expresión externa de algo más grande que permanece invisible — el Poder Creador, la Vida, el único poder que existe eternamente en el Universo y éste es el Principio de Vida que vive en ustedes, en mí y en todas las cosas con vida. Esta Vida es amor, esta Vida es paz. "Yo Soy la Vida".

24. Ustedes piensan que el paso de grandes mentes entre ustedes es una pérdida; no es así, porque estas mentes se desarrollan más y no los han dejado. Ellos viven más que nunca en la Realidad.

25. Por lo tanto, no han perdido nada, sino que han ganado mucho más. Piensen en sus seres queridos que han hecho su transición fuera de la carne; piensan que los han perdido. Les puedo asegurar que eso no es cierto, ahora son más grandes que nunca y ahora están más cerca que nunca de ustedes.

26. Ahora se dan cuenta que no los he dejado, sino que aún estoy con ustedes. Estoy en el mundo transformando el mundo, elevando las mentes de todos para ver la Verdad que mora en el interior, para que toda la gente pueda percibir su naturaleza Divina.

27. Entre más conozcan a su Ser verdadero, más me comprenderán.

28. El gran error que casi todos cometen es pensar que Mis discípulos y Yo estamos residiendo en algún sitio lejano, esperando ahí a que en alguna fecha futura puedan llegar al mismo sitio, si consiguen el pasaporte de alguna organización que afirma poder otorgarles una entrada.

29. No hay un sitio, sólo un estado de conciencia; y estamos con ustedes ahora. Entre más se den cuenta de esto, más podremos entrar más a sus vidas y ayudarlos.

30. Piensen ahora lo que significa para ustedes la Conciencia de Dios. Es la misma conciencia que hay en mí, así como en ustedes. No hay diferencia en la conciencia; la única diferencia es en el grado de conocimiento o percepción de la conciencia.

31. La Conciencia de Dios no está dividida en secciones; no pueden decir que son una partícula de esto o una partícula de aquello; Dios es un entero, completo, expresándose a Sí Mismo y ustedes viven, se mueven y tienen su ser en Él y Él vive en ustedes. Por medio de su conocimiento perciben esto y, entonces, su conocimiento se convierte en el poder sobre todas las cosas.

32. Ninguna oración sincera es desatendida nunca. Antes de que ustedes pidan, Dios sabe lo que necesitan.

33. Dios es Amor y ustedes deben venerarlo a Él con sus corazones llenos de amor. ¿Qué hombre entre

ustedes, cuando su hijo le pide pan le dará una piedra o si le pide un pescado le dará una serpiente?

34. Entonces, si ustedes, que ignoran el Amor verdadero, saben cómo darle cosas a sus hijos, qué tanto más podrá su Padre, que es el Amor Verdadero, darles buenas cosas a los que Le piden.

35. Algunos piensan que cuando oran, Dios está muy lejos; Yo les digo, vayan a su armario y cierren la puerta, y ahí oren en secreto, porque su Padre escucha en secreto y Él los retribuirá abiertamente.

36. El significado es bastante simple. En sus propias cámaras secretas mora el Todopoderoso. El Todopoderoso no está lejos de ustedes sino que es la expresión viva de la Realidad en ustedes, su Realidad, su Ser Verdadero.

37. Cuando oran sinceramente en secreto con este "conocimiento", en el silencio de su propia alma, todo el Universo entra en acción para crear y expresar aquello que piden.

38. Todas las oraciones verdaderas se contestan instantáneamente y llegará el día en que sus oraciones también se contestarán al instante. Deben practicar la oración, practiquen la oración en secreto con su mente en paz. Crean que han recibido y lo tendrán.

39. Es maravilloso comprender que nosotros — ustedes y yo, y todos los demás con nosotros — somos un gran conjunto ilimitado unido, una familia donde no hay separación, sólo Amor.

40. Quizás al principio no puedan entender esto pero, conforme se abren al Espíritu de la Verdad, el Espíritu Santo, que siempre está con ustedes, les revelará todo. "Yo Soy" el Espíritu Santo, "Yo Soy" la Vida.

41. Yo Soy la Vida y aquél que crea en Mí no morirá y aún si ya estuviera muerto vivirá, porque Yo soy la Vida en ustedes. Aquél que crea en Mí tiene la Vida eterna; por lo tanto, no puede haber muerte, porque siempre vivo en ustedes.

42. Es el mismo Espíritu en todos. Una gota del océano tiene las mismas cualidades que todo el océano. Yo estoy en todo lugar.

43. Con comprensión y amor, así entrarán al Cristo que mora en todas las almas, porque ahí habito "Yo".

44. Ustedes han escuchado lo que les he dicho, "Siempre he puesto al Señor por delante porque Él está a mi derecha y Yo no debo ser movido".

45. Con qué lentitud aprenden realmente que Dios y el hombre son uno. Tienen temor de soltar sus limitaciones, como niños que se aferran a sus juguetes, sus muros, sus divisiones, sus iglesias, sus capillas, sus sinagogas, sus mezquitas. ¡Oh, yo podría reunirlos a todos bajo mis alas y mostrarles la Vida única en todo!

46. Muchas veces se preguntan por qué se demoran tanto en aprender que Dios es toda la Vida y que

esta Vida es el Amor perfecto — visible e invisible. Esto es porque intentan captar la verdad del exterior, en vez de hacerlo desde el interior.

47. Cómo les gusta a todos aferrarse a las cosas que temen perder. Aquél que retiene su vida, la perderá; aquél que renuncia a su vida, la retendrá.

48. Yo hablo por el Cristo, siempre lo hice y por ello les parecen extrañas mis palabras a todos aquéllos que sólo viven en el exterior. Hay millones que aún están en la esclavitud, sin embargo, mi puerta está abierta en todo momento para todos, para que entren y cenen conmigo.

49. Un Satán pretende obstruir el camino y ese Satán es la personalidad falsa, el Satán de los sentidos, que todos tienen que vencer.

50. Esta ilusión de los sentidos mortales es el único obstáculo para la percepción de la verdadera Conciencia Espiritual, porque el Reino de los Cielos está dentro de ustedes. Yo soy la Vida, el mismo de hace 2,000 años. Igual que Moisés y Elías estuvieron 2,000 años antes de mi aparición en la tierra, no obstante, era la misma Vida expresada en todos. Yo soy antes de Abraham.

51. El tiempo no existe; Yo soy ahora como fui y siempre seré. Dándose cuenta de esto también deben recordar que ustedes son la expresión viva del Todopoderoso, porque el Padre siempre está trabajando en ustedes.

52. El Poder Divino que existe en ustedes es el mismo que en mí y, cuando se desarrolle su conciencia en la gran Conciencia de Dios, así me conocerán.

53. La Voz de Cristo es valiente y todopoderosa. Cristo es el conquistador y conquistará, porque es la Ley de Dios que el Cristo debe dominar todas las cosas.

54. El símbolo de la Cruz es el Cristo hecho hombre, venciendo al mundo, el despertar en el Templo que no está hecho con las manos, la consagración, la tentación, la crucifixión, la resurrección y la ascensión. Éste es el Cristo, el Conquistador. Ya les expliqué las etapas y por eso no será necesario que las vuelva a explicar; pero, si leen otra vez mis palabras, el Espíritu en su interior les revelará más sobre la Verdad.

55. Cuando se desarrollan, el Espíritu le revelará a su conciencia el secreto que mora dentro de las cámaras secretas de su corazón. Yo soy la Vida, Yo soy la Verdad, Yo soy el Camino, nadie entra al Padre excepto a través de mí — el Cristo. No hay otro camino, nunca ha habido otro camino.

56. El Cristo es la Palabra de Dios, la Palabra fue Dios, la Palabra que estaba con Dios y la Palabra que fue hecha carne.

57. Éste es su ser verdadero, en la Realidad, como Dios Padre los conoce y así deben conocerse, como son.

58. La voz del sentido carnal es la voz de la sombra, el Satán que insinúa la separación, la limitación, la enfermedad, la muerte. Entonces sosténganse

firmemente en el Cristo, el hijo Unigénito de Dios, el Padre de todos.

59. No le teman a Satán, porque no hay nada que temer; lo único que necesitan decir es, "Quédate atrás de mí, Satán de la mente carnal. Yo soy el Hijo de Dios, el Hijo del Hombre, Yo soy el conquistador. Yo no vivo solo, sino con el Padre, que siempre está conmigo, Él es mi guía".

60. Les he dicho estas cosas, para que en mí puedan tener paz. En el mundo tendrán tribulaciones, pero tengan valor, he conquistado el mundo y así ustedes deben conquistar el mundo.

61. El Padre, el Espíritu denegado, la Vida, el Cristo es Su Hijo, que mora en cada alma y el Espíritu Santo es la expresión de la Conciencia Crística en la integridad, en la comprensión del "Yo soy la Vida". Nada puede atacarlos, porque Yo soy el conquistador interior. Si pueden sentir esta Verdad en su propio corazón y mente, sabrán que también son el conquistador y también sabrán que son libres. Así vencerán al Satán de los sentidos. "Quédate atrás de mí, Satán".

62. Entonces venera a Dios a través de Cristo; no hay otro camino, nunca lo ha habido, excepto sólo de nombre. Yo soy Aquél que vive, fui crucificado y miren que Yo sigo vivo para siempre jamás.

63. "Yo soy el Camino, la Verdad y la Vida; nadie llega al Padre excepto a través de mí". Cristo es la Conciencia de la Vida Suprema Infinita manifestándose en el mundo.

64. El Cristo es la Verdad, la Vida, el Amor, que une todo con Dios y sólo a través del Amor ustedes pueden estar con Dios, porque Dios es Amor.

65. Yo soy uno con el Padre por el Amor. Amarán al Señor su Dios con toda su alma, con todo su corazón, con toda su mente, con toda su fuerza y amarán a su prójimo como a ustedes mismos.

66. Cristo es el Hijo de Dios nacido en el mundo y él permanece en el mundo hasta que el mundo se haya transformado, para que la voluntad del Padre que se hace en los Cielos también pueda hacerse en la tierra.

67. El único título de Dios es "Padre Nuestro", y es el Mejor que conozco; y se hace cada vez más comprensible cuando crecen en el conocimiento de Él que los creó.

68. Ustedes son Su reflejo, Su semejanza. Cuando saben que el Padre y ustedes son uno, la unión que siempre existe se les revela. Pero estas palabras no deben quedar en su mente como simples palabras; deben comprenderlas en verdad. El verdadero significado de estas palabras sólo puede salir de su interior.

69. Lo que ahora están escuchando por sus oídos, quedará con ustedes. Recordarán estas palabras que he hablado. Se quedarán en su corazón hasta que el Espíritu de la Verdad empiece a manifestarse en ustedes, entonces conocerán el verdadero significado de mis palabras. Aquello, que ya está establecido en

la conciencia de Dios, debe establecerse en la conciencia del hombre. Y a través de la comprensión y el reconocimiento de su unidad con el Padre, se establecerá en ustedes la conciencia.

70. Yo sé qué cierto es esto. Todos aquéllos que han pasado a los reinos superiores de la conciencia empiezan a comprender el poder supremo que viene por esta comprensión.

71. Esta misma forma que estoy ocupando esta noche es, como ven, joven de expresión, el rostro está lleno de vitalidad, el cuerpo está lleno de una fuerza que regenera cada célula del cuerpo. Esto es porque mi conciencia al momento es una con su conciencia. La conciencia de nuestro amado hermano es una y la misma que la mía en este momento mientras lo ocupo. En Realidad, no hay separación entre nosotros. La separación es una ilusión mental.

72. ¡Es grandiosa esta Verdad suprema! Si pueden recibir esta influencia ahora, cada uno de sus cuerpos quedará cargado de vida, porque el Padre también mora en ustedes.

73. Todo se me ha encargado por el Padre y ningún hombre sabe quién es el Hijo, excepto el Padre, y quién es el Padre, excepto el Hijo y al que el Hijo desee Revelárselo.

74. Estas palabras parecen extrañas para ustedes, pero cuando piensen profundamente en ellas verán el significado interno.

75. El Padre conoce al Hijo y el Hijo conoce al Padre y el Hijo también puede revelarle el Padre a aquéllos que él desee, porque el Hijo conoce al Padre y el Padre conoce al Hijo.

76. Benditos son aquéllos que ven lo que ustedes ven y escuchan lo que ustedes escuchan.

77. Se me ha dado el poder de la victoria, porque el Hijo vive en el Padre y el Padre vive en el Hijo. ¿Cómo unas simples palabras pueden explicar esta Verdad realmente esplendorosa? Sólo por el Espíritu que está en su interior, el Espíritu Santo que siempre está con ustedes, que está listo esperando expresarse a Sí Mismo, esta Verdad puede conocerse.

78. Pidan y el regalo será suyo. Busquen y encontrarán, toquen y la puerta se les abrirá, porque todo el que pide, recibe, el que busca, encuentra, la puerta se abre a cualquiera que toque.

79. "Cualquier cosa que los hombres les hagan, ustedes les hacen lo mismo". Sepan en su corazón, que aquello que ven en otros está marcado en ustedes y cualquier cosa que un hombre haga en ustedes, se hace primero en ellos.

80. Nunca se preocupen por el mañana; el "ahora" es el único momento, hagan del AHORA su realidad y el mañana se resolverá por sí solo. Entonces, no se preocupen por el futuro y pierdan el maravilloso AHORA. La conciencia sólo puede crear en el ahora, no en el mañana, ni en el ayer, el ayer no es sino un

recuerdo, el mañana no es sino una esperanza; el ahora es el único momento creador.

81. Sólo pueden crear en la mente de Dios, a cada momento, y eso es el *ahora*, y aquello que crean en la mente de Dios ahora ya está establecido; entonces, el mañana se resuelve por sí solo.

82. No lloren con los que se lamentan, sino ayúdenlos por el Amor supremo que reina en su interior; como una madre amaría a sus hijos así ustedes deben sentir ese Amor por todos. Todos son hijos de Dios, desde lo más elevado hasta lo más bajo y cuando reconozcan esto, conocerán una sola familia donde no hay separación.

83. Aprendan a ser generosos; **éste es** el secreto de la receptividad. No son un pedazo del Espíritu sino que son uno con el todo. El Espíritu no puede separarse de Sí Mismo.

84. Cuando en verdad se dan cuenta de esto, se da la transformación, porque receptividad es recibir. La Verdad es que Dios siempre está dando Sus dones a todos, y si quieren Sus dones tienen que abrirse para recibir. Esta receptividad es el secreto de la grandeza; el secreto de toda la existencia verdadera es la generosidad. Por lo tanto, dar es recibir.

85. Muchas veces me pregunto qué pensarían si pudieran ver lo que yo veo en este momento —miles sobre miles que ahora están escuchando estas palabras, aclarando la comprensión de que el Amor de

Dios mora en la tierra como lo hace en los cielos, mora en el exterior como lo hace en el interior.

86. He dicho, "Si me conocen, conocerán también a mi Padre, pero si no conocen a mi Padre, ¿cómo podrán conocerme o comprender mis palabras?"

87. Yo hablo desde el Cristo — ¿ustedes desde dónde hablan? ¿Del sentido mortal? ¿Reaccionan ante las condiciones o perciben que en su interior mora el Poder de Dios, la conciencia del "Yo Soy la Vida", "Yo Soy la Verdad", "teniendo dominio sobre todas las cosas?"

88. En su interior está el Padre. Sepan que es así y que Él aparecerá a través de ustedes. Ésta es la Luz del Mundo y el Mundo no vence a la Luz sino que la Luz vence a la oscuridad. "Yo Soy" la Luz del Mundo y la oscuridad desaparece por mi luz.

89. Ésta es la Luz del hombre. Es la expresión del Amor y la Sabiduría Infinitas, y crea el estado perfecto en la raza humana.

90. La fuente de su ser es Dios y cuando ustedes despierten a esto, conocerán al Padre Que es el Hijo, Que también es ustedes.

91. Cuando la conciencia del sentido mortal percibe la conciencia del Cristo, la conciencia del sentido mortal se eleva a la conciencia Crística. Como el Cristo, vencí al mundo y todo lo que hay en el mundo; vencí el sentido mortal, la mente carnal, el Satán de los sentidos, así deberán hacerlo ustedes, de ese modo

comprenderán que la voz del cielo es la conciencia de Dios.

92. El hombre crea sus muros de prisión por sus propios pensamientos. Se limita según sus conceptos; hasta su concepto más alto es una limitación. No es LO QUE es la Vida, sino QUE es la Vida.

93. La creación en el plano de lo concreto es el efecto de la Causa invisible interior. Su cuerpo físico sirve como un punto de partida para un mayor desarrollo, que debe hacerse a través de la percepción consciente de la totalidad de todo el Espíritu como la siempre presente, eterna y única sustancia, Poder, Vida — siendo Su expresión el Amor.

94. Amen a su Dios con todo su corazón, con toda su alma, con toda su mente y amen a sus semejantes como a ustedes mismos. Ésta es la Ley sobre la cual se sustentan las bases de la raza.

95. En la parábola del Hijo pródigo se muestra el Amor del Padre; la indulgencia del hijo, su arrepentimiento, la recuperación de sí mismo — su verdadero estado espiritual. Antes que nada, aguanta sufrimientos y tribulaciones, derrocha su herencia, después regresa gustosamente para ser un sirviente, sin embargo, se convierte en el Hijo, ya que siempre fue el hijo.

96. El Amor del Padre es tan grande que, sin tener en cuenta lo que el hijo había hecho, el amor del Padre borra todo error. Qué cierto es esto en la vida

cotidiana. Los errores se corrigen cuando se dan cuenta de la Verdad. Se experimenta a través de las condiciones que pueden superar en el entendimiento de sí mismos. Entonces, el error se disuelve en la nada y la Verdad queda libre como Lo fue desde el principio.

97. El arrepentimiento viene antes del perdón; el arrepentimiento viene del corazón del hombre cuando se da cuenta del Amor del Padre, y es perdonado. El hombre recupera su verdadero estado Espiritual, el conocimiento de sí mismo en Dios, dispuesto a ser el sirviente de todos, de hacerle a otros lo que quiere que los otros le hagan a él. Es cuando se vuelven como el Hijo Pródigo, la fiesta está puesta ante ustedes; entren, participen en ella ahora, con Amor por sus hermanos y hermanas. Porque sólo a través del Amor pueden participar de la fiesta que el Padre les ha preparado.

98. Esto es lo que también deben aprender en la tierra. ¿Cuántas veces le han negado su amor a alguien que pensaron que hizo mal? De cualquier modo, no es su asunto. Todo está entre el Padre y Su Hijo y si recuerdan esto, se abstendrán de criticar a otros y dirigir esta arma sobre ustedes primero.

99. Comprenderán mejor a los demás, cuando vean primero sus propias faltas.

100. ¡Suelen condenar! No condenen, para que no sean condenados. No juzguen, para que no sean

juzgados. Saquen el madero de su propio ojo, entonces podrán ver mejor cómo sacar la astilla del ojo de su hermano.

101. Estamos encontrando canales por todos lados, enseñando por todo el mundo secretamente, como lo estamos haciendo aquí. No sólo estamos enseñando aquí en el plano físico, sino también en los planos interiores, donde algunos todavía no han reconocido la verdadera naturaleza de su Ser.

102. No sólo les estoy hablando a ustedes, sino también a otros que no los ven con sus ojos físicos. Cuando ellos comprendan, irán hacia la gloria que les espera. Cuando eleven su conciencia a un estado más elevado, encontrarán que ya no están atados a la tierra sino que son libres, libres de la esclavitud que ellos mismos crearon en su propia mente. Acepten mi palabra y ustedes también serán libres.

103. Mantengan su corazón lleno de Amor a Dios y a toda la raza humana y Yo les enseñaré mucho.

104. Si no entienden todo lo que les digo, esperen, escuchen, sintonicen conmigo, porque es muy simple y fácil llegar a mí.

105. Está escrito en las profecías que toda la gente debe aprender de Dios; por lo tanto, todo hombre que haya oído, que haya aprendido del Padre, que venga a mí.

106. Dios, que ordenó que la luz brillara en la oscuridad ha brillado en mi corazón para darle luz y comprensión a la gloria de Dios.

"Que la Paz y el Amor estén con Ustedes"

Oh Padre Eterno,

Tu Naturaleza está plantada en todos nosotros; hemos percibido Tu Presencia y, finalmente, Tu Naturaleza se expresa en nuestras vidas, bendiciéndonos a todos y llevándonos a todos hacia Ti.

Amado Padre, mientras Tu Hijo habla, bendice a todos aquéllos que escuchen y a aquéllos que puedan leer Tus palabras con Amor y comprensión.

Amén.

Notas del Escritor:

Las palabras escritas, aunque son inspiradoras e instructivas, no tienen la gran Presencia que dio una experiencia inolvidable a todos aquéllos que escucharon las palabras que salieron de sus labios como perlas valiosas. Sin embargo, pueden ser perlas valiosas para todos aquéllos que lean esto con comprensión y Amor.

Plática 3

Cristo es la Vida en Ti

1. La voz del Cristo llega muy lejos. Llega lejos y cerca, porque Es la Omnipresencia. Donde esté el Padre, estoy Yo; y donde esté Yo, el Padre siempre está conmigo.

2. La gran Verdad es que Dios Todopoderoso es todo lo que es y no hay nada que exista excepto por Él y a través de Su Hijo el Cristo.

3. La paz del mundo mora en el Cristo, esperando que cada alma humana reconozca la Vida Crística, para manifestar el amor, la belleza, la fuerza, la sabiduría y el poder del Padre.

4. Hay paz y amor habitando en todos y cada uno de ustedes, si sólo permiten que se exprese a través

del reconocimiento y la percepción de esta Verdad, que sólo el Padre vive y Él es Amor, Sabiduría y Paz, y la única Realidad.

5. El Poder de Cristo se desarrolla en ustedes reconociendo primero, luego percibiendo, seguido por períodos de serenidad para estar más conscientes de la presencia del Señor, su Dios.

6. Percibir la Verdad es saber que *Es*. "El Padre y Yo somos uno", el Padre es superior que yo, no obstante, trabajamos juntos como uno solo. Sin Él no puedo hacer nada, pero con Él puedo hacer todo lo que el Padre hace, porque somos uno.

7. Primero debe llegar el reconocimiento, seguido por la percepción y los períodos de serenidad, así Mi poder podrá desarrollarse en su propia conciencia. Sin embargo, sólo hay una Conciencia manifestándose por todo el Universo, que es la Conciencia que está en la Vida Misma. La Vida creó todas las formas en que Se puede manifestar conscientemente Su gloria.

8. La Vida creó el alma y el cuerpo humanos para que la Vida pudiera manifestarse a Sí Misma en Su propia conciencia. Cuando en verdad conocen esto, operan el Poder de Cristo en su propia vida.

9. Deben salir de su vida material o de negocios para descansar un rato en el Reino de Dios, sabiendo que están creciendo y desarrollándose constantemente en la Vida y el Poder verdaderos del Cristo, que siempre espera manifestarse en su vida.

10. Esperen en silencio, manteniendo la actitud de la verdadera expresión del Cristo y lo que Él quiso decirles. De este modo se obtiene el crecimiento estable.

11. Este estado no es de "vacío" ni un estado de "nada" como algunos aconsejan; ni tampoco es tensarse intentando forzar que la conciencia acepte sin comprender.

12. Deben evitar estos extremos. Mantengan en su corazón una serenidad que esté viva, comprendiendo en verdad que no hay separación entre ustedes y el Padre.

13. Digan en su corazón: Es el Padre quien siempre está en mí, Él está haciendo el trabajo. Esto une su conciencia individual con su Conciencia Divina, que es omnipresente.

14. Yo me expresaré en mi naturaleza verdadera cuando ustedes reconozcan la eterna exaltación de mi Vida y a mí. El reconocimiento de la cualidad Eterna de mi Vida es el Cristo manifestándose en ustedes. No hay mayor poder en el cielo o en la tierra. Todo el poder se me ha dado en el cielo y en la tierra. Éste es mi verdadero estado, la manifestación del Amor de Dios. Piensen en su propio corazón lo que esto puede ser para ustedes, con la exaltación de mi Presencia viviendo siempre con ustedes. En esta percepción hay esplendor y paz.

15. Aquéllos que han pasado al otro lado del cuerpo físico aún siguen vivos. Algunos piensan que no

han dejado la carne física, otros aún siguen soñando; pero todos despertarán a la verdad del Dios vivo, expresándose eternamente a Sí Mismo en todo. Su expresión es eterna y perpetua, y está desarrollando al Cristo en ustedes.

16. De este modo el resultado será muy benéfico para ustedes y para todos aquéllos con quienes entren en contacto. Porque el Cristo — el poder interno de Dios — se impondrá y toda la discordia tranquilamente se disolverá, porque la discordia ya no tiene ningún poder sobre ustedes, excepto por la creencia en ello.

17. En su pensamiento, su opinión sobre mí es muy diferente a la de ustedes mismos. Cuando leen en las Escrituras la historia de lo que sucedió hace 2,000 años, piensan que soy del pasado, sin embargo, siempre estoy presente con ustedes. Recuerden que el mismo Espíritu de Dios mora en todas y cada una de las almas, y quien haga la Voluntad de mi Padre es mi madre, mi hermana, mi hermano.

18. El mismo Espíritu de Dios que vive en mí, vive en ustedes. El mismo Cristo se manifestará en ustedes también, por su reconocimiento y percepción de esta Verdad, porque a ustedes también se les ha dado el dominio sobre todas las cosas, y Aquél que crea en mí hará cosas mucho mayores.

19. "Yo Soy" la Conciencia-Espíritu más profunda; la Conciencia del Cristo es la Conciencia de Dios, el Padre manifestándose en el hijo.

20. Intenten sostener esta verdad, así revelará su poder en su vida personal. Dense cuenta que están conscientes, que están viviendo; entonces, su vida es el factor más dominante e importante en su vida personal.

21. ¿Alguna vez han pensado que su vida es eterna, que ustedes son la vida Misma, que no pueden vivir separados de la Vida? Su conciencia es el medio por el que Se manifiesta la Vida en el cuerpo, el cuerpo tampoco vive separado de la Vida. La Conciencia está en la Vida Misma y es el poder rector interno. "Yo Soy la Vida".

22. Este poder se manifestará a través de la persona; entonces dense cuenta que la energía externa es un obstáculo. El Cristo siempre está activo y nunca está estático. Cristo es la energía creadora con una actividad interna constante, el silencio que siempre está activo, el Padre que siempre está haciendo el trabajo. Mientras esperan tranquilamente en Él, Su aliento renueva cada partícula de su cuerpo por Su actividad ordenada silenciosa.

23. Mi mensaje es "Yo Soy la Vida". Ustedes y Yo, ante Dios, somos iguales. El Espíritu de Dios me creó y Su poder todopoderoso radica en mí, y el mismo Espíritu radica en ustedes.

24. No vine a proclamar mi propia Divinidad separada de la humanidad, sino a mostrar que yo estaba en la humanidad y que toda la humanidad está en mí,

y por el entendimiento de mis palabras todos afirmarán al Cristo como el Salvador de la Raza.

25. El Ungido de Dios es la Presencia viva de Dios en todos y cada uno de ustedes — el Padre manifestándose a Sí Mismo y no puede haber otro, porque sólo Él existe. Sólo Él vive como fue en el principio, y como siempre será. El Cristo no está separado, el Cristo es el mismo en ustedes y en mí. El Cristo es el Padre vivo, expresándose a Sí Mismo; por eso les digo, "Yo Soy la Vida". El Padre tiene Vida en Sí Mismo y le otorga al Hijo que tenga la misma Vida en sí mismo.

26. "Yo", siendo el Hijo de Dios, ocupo en el Plan Creador el sitio que sé que ocupo y lo que se pregunta en su proceso de creación ocupa un sitio correspondiente, porque he demostrado que tengo el dominio sobre todas las cosas, y esto también lo pueden comprobar ustedes si creen en mí y actúan según mis palabras.

27. Juan dijo, la Palabra era en un principio y esa misma Palabra estaba con Dios y esa Palabra era Dios. Lo mismo era en un principio con Dios.

Todo llegó a ser por Su mano y sin Él ni una sola cosa llegó a ser lo que se creó.

La Vida estaba en él y la Vida es la Luz del hombre.

Y la misma Luz brilla en la oscuridad y la oscuridad no la vence.

Él era la misma Luz que iluminaba a cada hombre que venía al mundo.

Él estaba en el mundo y el mundo estaba bajo Su mano, y, sin embargo, el mundo no lo conocía.

Él vino a los suyos y los suyos no lo recibieron. Pero los que creyeron en Su nombre se convirtieron en hijos de Dios.

Éstos son aquéllos que saben que no son de sangre, ni de la voluntad de la carne, ni de la voluntad del hombre, sino nacidos del Dios Padre y su Palabra se convirtió en carne y moró entre nosotros.

28. Ésta es la verdadera interpretación de las palabras de Juan dadas en Arameo, como se escribía en esa época. Así vemos con qué claridad se muestra que aquéllos que saben que no son de sangre o de la voluntad de la carne, sino nacidos del Dios Padre, tiene, una Vida Eterna ahora. Dios hace las cosas al convertirse en las cosas que Él hizo. La oscuridad no venció la luz del hombre, porque esta luz es la luz que ilumina a toda alma que viene a este mundo. La luz existe en toda la humanidad, porque ha estado en la humanidad desde el principio; esta Luz en el hombre es el Ungido de Dios.

29. Ésta es la Palabra que mora en cada alma viva. En verdad os digo que cada bebé que nace, nace por la Palabra de Dios y esa Palabra es Cristo que vive eternamente. La carne no tiene ni voz ni voto en el asunto.

30. Cada persona crea el futuro por los pensamientos y las obras del presente, y "ahora" siempre es el presente. Sólo en el "ahora" pueden crear; no pueden crear en el futuro, ni pueden crear en el pasado.

31. El Cristo es el Poder Creador y sólo por ese Poder existen todas las cosas. Cuando esta percepción está fuerte en su conciencia, hay una libertad fuera de la comprensión de la mente humana.

32. La conciencia mortal no puede entender el esplendor de esta Verdad, pero por la percepción de su conciencia mortal se elevará a la Conciencia Crística.

33. Sostengan la actitud en todo lo que emprendan de que Dios nunca fracasa, que ese es el Padre que trabaja en ustedes. En esta percepción todo es posible para ustedes. Por sí mismos no son nada, pero con Dios son todo; digan "El Padre y Yo somos uno".

34. Esta actitud, que es la única cierta y verdadera, los sostiene por encima del plano mortal y funcionan en el Real — la Conciencia Crística. Son elevados del sentido mortal y en lo sucesivo todas las cosas serán distintas.

35. ¿Perciben sólo las cosas que los rodean en el exterior? Si es así, entonces siguen morando en el sentido mortal. Pero yo les digo, la única comprensión verdadera es que el Espíritu de Dios se manifiesta a través de su conciencia y esto viene del interior y no del exterior.

36. La Cristificación del hombre ya casi está completa. El Cristo es la expresión impersonal y generosa de un Dios amoroso — en ustedes y que ama todo, porque todo es Dios. La raza debe entrar en esta unión Conmigo.

37. Esta es la evolución del exterior, de la cual el interno es la Causa, siempre impulsando hacia adelante y hacia arriba la verdadera expresión de lo que está en el interior. Y el exterior debe llegar a ser igual como el interior y el interior debe llegar a ser como el exterior.

38. Llegará el tiempo en que la gloria del Cristo se manifieste completamente en la carne, porque la carne no tiene ni voz ni voto en la materia. Es el decreto del Todopoderoso que el Cristo sea supremo, y regirá como soberano. El Espíritu en el hombre es "El que vive eternamente".

39. Cristo es Dios y Dios es Cristo. Alégrense de que tengan esto, este conocimiento de que el Cristo Divino trabaja en ustedes "ahora".

40. Vivan con la percepción de esta Verdad, así la verdad se manifestará en su vida. Cristo, el "Conquistador", los liberará.

41. Aquéllos que creen en Cristo nacieron de Dios y no de ningún impulso de la carne o del hombre. Nadie puede ser su Padre en la tierra, porque su único Padre está en los cielos.

42. Quizás no han entendido bien el significado de este dicho. Nacieron en la carne, pero la carne no tiene

ni voz ni voto en la materia. Nacieron del Espíritu, y el Espíritu es el único poder creador de todas las cosas; ésta es la Palabra que estaba con Dios, la Palabra que era Dios, la Palabra que se hizo carne es inmortal.

43. Nunca ha visto nadie a Dios, pero Dios se ha revelado por el Cristo en mí, y quien me vea verá al Padre.

44. Dios no se separa a Sí Mismo; Él crea dentro de Sí Mismo la semejanza de Sí Mismo y esta es la Luz en toda la raza humana.

45. Todos tenemos la misma Vida, porque la Vida en Sí no puede ser diferente. Hay grados de Vida en la forma, pero la Vida Misma es impersonal, expresándose a Sí Misma a través de la forma creada por la Misma Vida.

46. La Inteligencia poderosa del Padre Infinito ha creado todas las formas por Su propia autoexpresión. La Vida es la misma, fluye sólo de la Fuente Única, sin embargo, fluye a través de todas las formas que Creó. Se manifiesta en todas las formas, desde la más pequeña hasta la más grandiosa; la Vida se manifiesta a Sí Misma en todas las formas que Crea.

47. Nada existe excepto por el Espíritu que es la Vida. El grado de Vida se comprende por el reconocimiento y la percepción de Ello; por lo tanto, cuando percibo la Vida y sé que Es Dios, Él se manifiesta a través de mí según mi percepción de Él, que nos creó a Su propia semejanza.

48. El reconocimiento y la percepción de Su Vida en su propia conciencia son los medios por los que se manifiesta la Vida. Su conciencia es el punto por el que Dios se expresa a Sí Mismo y es el punto por el que ustedes expresan a Dios, el Cristo, en ustedes.

49. Si se dan cuenta de esto conscientemente, entonces han adquirido el secreto oculto de la Vida Misma.

50. Está oculto para la multitud, aún actualmente, excepto para aquéllos que saben que no han nacido de la carne ni por la voluntad del hombre, sino a través del Ungido de Dios.

51. Por lo tanto, Yo Soy la Vida; tengo todo el poder que se me ha dado en el cielo y en la tierra. "Busquen primero el Reino de Dios y Su justicia, y todas las cosas llegaran por añadidura".

52. La conciencia determina el grado de Vida que se expresa. Yo estoy consciente de que Yo Soy la Vida de Dios, "Yo Soy el Ungido de Dios", "Yo Soy el verdadero Hijo del Padre que trabaja en mí".

53. La Conciencia Crística revela que el Padre tiene dominio sobre todas las cosas en el cielo y en la tierra. Ésta es la verdadera Conciencia Crística.

54. Por este propósito viví en la tierra y sigo con ustedes, aun hasta el final del mundo, que es hasta que todos reconozcan y perciban la Conciencia Crística de que todos pueden ser uno solo.

55. Todos podemos ser uno solo por la percepción y el reconocimiento de la Verdad que espero

pacientemente. Ustedes no pelean por lo que es verdad; ustedes sólo pelean por lo que es falso; ustedes no pelean por el hecho de que tienen vida, están vivos; ustedes pelean sólo por sus creencias, sus ideas. Aquello que es mortal está buscando la manera de salir del mundo carnal hacia aquello que es superior, de modo que el mortal discute consigo mismo, pero el Cristo nunca discute; sabe. Por lo tanto, es fácil discernir aquello que es falso de lo que es verdadero.

56. La palabra sagrada es "Yo Soy". "Yo Soy el que Soy", los profetas sabían a través de los tiempos — el secreto eterno. Sin embargo, sólo unos cuantos pudieron entenderlo. Pero todos llegaremos a entender, porque el decreto del Padre es que el hijo lo revelará a Él, para que todos Lo conozcamos. Y Aquél que cumple la voluntad de mi Padre es mi madre, mi hermana, mi hermano.

57. Cuando uno percibe cada vez más el poder del Cristo, uno ve claramente que Su Poder debe ser el Amor y la Sabiduría, porque Cristo es el Hijo de Dios. Cuando dije esto, no vine a destruir la Ley sino a cumplir la Ley, esto fue cierto, porque traje el mensaje del gran Poder del Cielo a la Tierra — el Poder de Cristo dentro del exterior y este poder es el Amor y la Sabiduría. Es el constructor de todas las cosas buenas como la armonía y la paz. Permanece por siempre, mientras la discordia permanece sólo en la ignorancia, que es muerte y no Vida.

58. Quiero darles una parte del día para este crecimiento silencioso, trayendo así serenidad y equilibrio a todo su ser. Esto es tan esencial en su vida cotidiana, rodeada del alboroto de los problemas sociales y de los rumores de la guerra.

59. Primero percibirán la sensación de tranquilidad de la Presencia, una tranquilidad que nunca es activa. Qué hermoso es el silencio en esa presencia siempre activa de Dios, la expresión de Su Poder Supremo y la armonía en sus vidas. Esto desarrollará en ustedes un buen juicio y una intuición clara, y después el resultado se establecerá en su cuerpo y en sus circunstancias.

60. El silencio en el corazón de la carne se unirá con el corazón del Espíritu provocando con eso la circulación perfecta de la sangre.

61. Den gracias al Padre por Su consejo, por enseñarles cada día.

62. En todo momento mantengan al Padre ante ustedes. Con Él en su corazón no pueden fracasar. Algunos piensan que ellos solos pueden realizar cosas, pero sólo con Dios pueden realizar cualquier cosa.

63. ¿Su mente siempre está en un estado de necesidad? ¿Y nunca en un estado de generosidad? Sin embargo, dar es recibir. Para ser uno con el Padre deben abrirse a Él y permitir que el precioso Poder del Amor y Sabiduría fluyan a través de ustedes. Él es el único proveedor de todas las cosas; sin Él no hay nada hecho que se haga.

64. Y cuando su corazón y su alma se regocijen, su cuerpo descansa seguro y cada fibra se estremece con la Presencia, porque la Presencia de Dios es omnipresente.

65. El gozo pleno de Su Presencia y la bendición de estar con Él siempre desarrollarán la Conciencia Crística, más que ninguna otra cosa. No vean en el exterior, vean en el interior y dense cuenta que ustedes *son*. Yo Soy. Yo Soy real, Yo Soy eterno, Yo Soy el Espíritu de Dios, Yo Soy la Vida; con esta percepción el alma se regocija. Esto llega sólo cuando el ruido del exterior se calma, cuando distinguen todo lo que no es Dios.

66. El Espíritu del Dios Vivo, el Cristo, respira a través del cuerpo exterior de la carne desde el interior. Las energías Divinas siempre se expresan desde el interior y nunca del exterior.

67. El cerebro se alimenta por el Espíritu, las reglas más delicadas sobre las más burdas, lo invisible fluye a través de lo visible. Lo visible no es sino la expresión de lo invisible. Nadie ha visto al Padre, pero ustedes han visto a Su hijo y aquél que me ha visto, ha visto al Padre.

68. Les estoy simplificando esto para que se den cuenta de la importancia de elegir períodos de contemplación tranquila, para traer el poder del interior al exterior.

69. Salgan de su vida de ocupaciones y entren al Reino y perciban a Quien está trabajando en y a través

de ustedes. Percibir Su poder renueva su cuerpo, renueva su mente y trae paz y Amor a su corazón. Encontrarán que las cosas a su alrededor se moverán con más facilidad, las condiciones que existen en su mente, cuerpo y circunstancias empezarán a armonizar con su percepción del Cristo, el poder que tiene el dominio sobre todas las cosas.

70. Después de que hayan percibido al Padre en ustedes como su Realidad, tendrán pleno dominio en todo momento, no teniendo en cuenta ni la discordia ni el entorno, porque el Cristo interno será entronizado en el corazón y en la mente.

71. Los períodos de contemplación y percepción tranquila traen a su conciencia la integridad del Cristo, entonces no tendrán en cuenta las condiciones fuera de ustedes. La desarmonía no los afectará; estarán serenos y en paz con aquello que por Sí Mismo es Amor, Paz, Sabiduría y Verdad Eterna.

72. ¡No busquen el Amor! ¡Dénlo! Éste es el verdadero sustento del Espíritu, porque donde esté el amor, el odio, la envidia y los celos desaparecerán.

73. Recuerden, el Amor destierra el temor, tampoco se rebelen contra la injusticia. Cuando regresan Amor están en paz, entonces sólo el Padre trabaja para vencer todas las cosas. Cuando resienten la injusticia, cuando su mente está en un estado de confusión, llena de envidia, celos, ansiedad, resentimiento, no hay Amor; el Amor es el único poder en el mundo que disuelve todas estas cosas.

74. El Padre sólo puede expresarse a Sí Mismo cuando están en paz.

75. El único poder que existe es el Poder del Amor, que trae Paz y Armonía; todas las demás cosas pasan y se disuelven en la nada ante el poder del Cristo. Yo soy el Señor, he vencido todas las cosas y así lo harán ustedes. Nada puede dañarlos, porque son Dioses en la carne.

76. Si escucharan esto, hermanos y hermanas, podrían tomar de su Padre a lo que tienen derecho. "Lo que es Mío es Suyo, lo que es Suyo es Mío".

77. Dios los trajo a este mundo y en todo momento Él les está hablando en su corazón. Cada latido de su corazón es la Vida de Dios en ustedes. Con Él en su corazón, conscientemente estarán en paz con todos los hombres. Amar a sus semejantes como a ustedes mismos es la verdadera religión.

78. Porque todo aquél que esté iluminado, voltea a la luz. Por lo tanto, despierten, oh, durmientes, y resuciten de entre los muertos y Cristo brillará en su semblante.

79. Tengan sumo cuidado de actuar como hijos e hijas comprensivos de Dios y sáquenle el mayor provecho a su tiempo en el "ahora", porque el ahora es la eternidad.

80. Piensan en el Eterno cuando piensan en Cristo. Piensen en el Eterno ahora, porque sólo pueden crear en el ahora, Oh, cómo podría simplificárselos para que pudieran ver con claridad — AHORA es eternidad.

81. Esto me lleva al último punto de esta plática: "La Oración". Para mí la Oración fue y es el espíritu del aliento de la Vida. Es lo más poderoso en todos los planos y en todos los mundos.

82. El poder de la oración radica en el hecho de que la oración y la respuesta son una sola. Oren con la percepción de que son uno con el Padre y la voluntad del Padre se hace en ustedes. Entren a su Centro Divino donde Dios mora y ahí yo los proclamaré.

83. Estoy satisfecho de ver que no han usado esta arma poderosa con ignorancia. A nuestro amado hermano se le enseñó a orar cuando era joven. Les podría decir muchas cosas que han sucedido en su vida, porque fue guiado cuando era un niño. Nació siendo médium y me vio frente a frente cuando aún era un joven. Ésta es una de sus tantas experiencias. Fue llevado a los Himalayas con el propósito de aprender cómo ser un médium, a través del cual los Maestros pudieran hablar y, por lo tanto, Yo mismo pudiera ocuparlo.

84. El tiempo le llegó a él para salir al mundo; había sido bendecido con buena salud, su espíritu es joven y esperamos mantenerlo en el cuerpo mucho tiempo, porque su trabajo aquí en la tierra aún no ha terminado.

85. Casi todas las oraciones se envían, muchas veces, con la idea falsa de la separación y en sus iglesias y capillas esto es muy evidente, la creencia de que Dios está lejos. Sin embargo, está más cerca que sus manos y sus pies.

86. Pero aún esta oración nunca se pierde, aunque no se ha ganado todo su valor, porque una oración de este tipo se mezcla con la vibración de separación y la persona que desean ayudar, en gran medida, no es ayudada.

87. Entren a su armario donde mora el Todopoderoso y ahí vean la voluntad de Dios cumplida. Nunca vean o escuchen otra cosa. Sin presión o duda vean la victoria del Cristo, el único Hijo encarnado de Dios, realizado en aquéllos que desea ayudar, y se establecerá.

88. Hay en mis registros relatos de sanaciones que muchos de ustedes han leído; estas sanaciones son producidas por los mismos medios, el reconocimiento y la percepción del poder teniendo dominio sobre todas las cosas, no teniendo la carne ni voz ni voto en la materia.

89. Cuando hablan por el Cristo con la fuerza de su seguridad serena, la condición falsa desaparece por completo. Dios es omnipresente y ponen al Espíritu preocupado en contacto con Dios al instante.

90. No pueden estimar el valor de la oración verdadera. Las palabras fallan al expresar las realidades Espirituales. No arrojen su carga sobre un Dios externo, esperando resultados, preguntándose; porque Dios está en su interior, la oración y la respuesta son una sola.

91. Dios es la única Vida que Vive en y a través de todo, Dios es la Realidad; el sentido mortal no sabe nada de Él. Lo interno se debe convertir en el externo y el externo debe llegar a ser como el interno. Ora de

este modo: "Padre, Tú que me conoces; Yo sé que Tú eres el único Ser Vivo, el único Creador y Yo soy uno Contigo. Cuando Te pido, sé que ya está realizado; mi palabra no me regresa vacía sino que realiza lo que se le envió a hacer".

92. Conocer a Dios en su propio corazón y en el espacio más lejano, es ser "uno" con todas las naciones, norte, sur, este y oeste.

93. Vivan en el pensamiento del Amor hacia todos y su vida será una oración continua, una ida continua de Dios, el Padre de todos, hacia todos.

94. Mis bendiciones están con ustedes siempre y para siempre.

"Les dejo mi Paz y mi Amor"

Silencio

Bendición

La voluntad de nuestro Padre en los cielos ahora se está cumpliendo en la tierra.

Que la paz esté con ustedes.

Notas del Escritor:

> Todos sentimos un gran poder y el salón se iluminó con una luz que no era de la tierra. El rostro del Maestro se vio claramente en medio de una luz brillante que eclipsaba el rostro del Hermano. Entonces el Maestro se marchó y el Hermano se quedó parado en el sitio donde el Maestro lo ocupaba.

Plática 4

Yo Soy la Vid Verdadera y Ustedes son los Sarmientos

Mi paz os doy,
que mi paz esté con ustedes

1. Yo soy la vid verdadera y mi Padre es el trabajador. Es el Padre, el que siempre permanece en mí, Quien trabaja a través mío, porque el Padre y Yo somos uno; nunca estamos separados. Continuamente trabajamos juntos y lo que veo que hace el Padre, hago igual.

2. El sarmiento que da frutos Él lo poda, para que pueda producir más frutos.

3. Todos ustedes saben que un sarmiento que da frutos dará más frutos cuando el sarmiento se pode.

4. Ustedes son el sarmiento y a ustedes se les poda por la Palabra que les he dado: la Palabra que era en un principio y esa misma Palabra es Dios.

5. Ahora se darán cuenta de que no hay otro Ser vivo sino el Padre, el Padre de todos, y el Espíritu del Padre mora en cada alma viva; y Yo soy ese Espíritu.

6. Dios es Espíritu, no "un" Espíritu sino Espíritu. El Espíritu en Sí Mismo es completo, Él tiene el poder para manifestar y crear las formas para su expresión propia. Y cuando perciben la Realidad llegan a ser uno con la Realidad en expresión.

7. Esta percepción y reconocimiento no llega de repente. Observarán cómo crece en ustedes. Por un reconocimiento esmerado y una percepción continua hay un despertar dentro del alma, ya que el alma empieza a reconocer que es el Espíritu de Dios que mora dentro y es el único Poder Creador en el cielo y en la tierra.

8. Ya han sido podados por la Palabra que les he dado; por lo tanto, darán más frutos en mi nombre.

9. Yo permanezco con ustedes y ustedes permanecen conmigo; igual que un sarmiento no puede dar fruto por sí solo si no se queda en la vid, así ustedes no pueden dar fruto si no se quedan conmigo.

10. El Cristo solo tiene el poder para hablar en la Realidad. Entonces, hablen en nombre de Cristo y su palabra no les regresará vacía.

11. El Cristo nunca habla por el sentido mortal o por reacción a las cosas ajenas a Sí Mismo, sino que el Cristo siempre habla desde Dios y esto también lo deben aprender, para que puedan tranquilizar el exterior. La voz tranquila y serena se hace manifiesta en el Templo no hecho con las manos, sino por el Mismo Dios.

12. El Padre trabaja en los viñedos para que los sarmientos den buenos frutos, y aquéllos que se queden conmigo y Yo con ellos daremos abundantes frutos.

13. Por lo tanto si ustedes se quedan conmigo y mi Palabra con ustedes, cualquier cosa que pidan se les dará.

14. Aún no han entendido la gran importancia de lo que he dicho. El Cristo nunca suplica, ni el Cristo tampoco ordena; el Cristo manifiesta, porque el Cristo sabe que es el Padre quien hace el trabajo.

15. El hijo tuvo Vida en sí mismo sólo porque el Padre tiene Vida en Sí Mismo, la Vida que ahora es eterna en Sí Mismo, Él también Se la da eternamente al hijo. La misma Vida en el Padre es en el hijo.

16. De este modo, el Padre será glorificado, para que den frutos abundantes y sean mis discípulos.

17. Y así como el Padre me ha amado, los he amado, para que permanezcan en este amor.

18. Permanecer en mi amor es el secreto de toda la felicidad; sin ello, su vida es estéril.

19. Cuando el Cristo mora en el corazón, entonces hay Amor, Sabiduría y Poder, y las cosas que les preocupan morirán, porque el Cristo vence todo.

20. En esto su gozo será pleno. Porque ustedes no me eligieron, yo los elegí.

21. Yo soy el que vive en su interior, que los está guiando y ayudando a elegir el camino, los animo a reconocer la verdad del "único" Dios Vivo.

22. Por lo tanto, Ámense unos a otros como yo los amo.

23. Hay algunos del mundo que, sin conocerme, odiarán y dirán cosas contra ustedes. Sepan bien que yo fui odiado y despreciado ante ustedes. La ignorancia del mundo todavía está en el mundo y es el Cristo el que vencerá esta ignorancia a través del Amor, y el Cristo vive en ustedes. Sin embargo, esta ignorancia los odiará, los despreciará porque ustedes dicen que Cristo vive en ustedes, pero en verdad os digo, no teman, porque la ignorancia no tiene poder, no puede destruir el alma ni el Espíritu.

24. No puede destruir lo que no ve y no conoce. No me destruyó cuando me crucificó, no pudo destruir el alma ni el Espíritu, ni pudo destruir la Luz que no conocía; por lo tanto, sigo vivo, el Cristo de Dios vivo, el único Hijo encarnado del Padre.

25. Ahora saben que no son del mundo, que nacieron del Espíritu y que el Cristo mora en ustedes, pero el mundo aún ignora esta verdad.

26. Pero el Espíritu de la Verdad que obra desde el Padre declarará sobre mí, y ustedes también declararán, porque han estado conmigo desde el principio.

27. Si buscan dentro de ustedes mismos con la profundidad suficiente, encontrarán esta verdad, esta verdad declarará acerca de mí y esta Verdad los liberará.

28. Mi Palabra en ustedes lo glorificará a Él, que me envió, y ustedes serán glorificados por mí en Su presencia.

29. Si mis discípulos me hubieran conservado, hubieran perdido al Ungido de Dios, porque vine a revelar al Padre, para que Yo pudiera venir y habitar con ustedes para siempre.

30. Aquéllos que han pasado fuera del plano del sentido mortal y entrado a una conciencia superior de Vida, entienden más de Dios.

31. Ustedes perciben la gran verdad de que no existe la muerte, que siguen viviendo, sin embargo, una vez moraron en un cuerpo en la tierra.

32. Ustedes son Vida, son la viva expresión del Todopoderoso. Esta Vida en ustedes es la misma Vida en mí. Éste es el Cristo y hablo desde el Cristo que es Vida.

33. Si su fe es grande, cualquier cosa que deseen se establecerá en ese mismo momento.

34. Estas palabras están llenas de significado y se vuelven más elocuentes cuando saben que puedo llegar a todos en la omnipotencia del Cristo.

35. Ya les he mostrado que el Espíritu es nuestra primera y única base verdadera.

36. Tiene muchos canales y modos de expresión, pero es la única Vida, el único Poder Creador.

37. A través de su conciencia se expresa este poder.

38. Déjenme explicarles cómo escucharme ahora.

39. Por el reconocimiento y la percepción de la Verdad de que es una sola Vida, que sólo el Padre es la Conciencia en ustedes y en mí, y se expresa a Sí Mismo a través de Sus creaciones de este modo.

40. La única forma en que el Creador puede expresarse a Sí Mismo en todas Sus Creaciones es a través de Su Conciencia, percibiendo Su Creación, y Su percepción de Su Creación se convierte en ustedes y en mí en la Conciencia.

41. Entro a la Conciencia de Vida, expresándose a través de nuestro hermano; mi Conciencia eclipsa la suya, igual que una gran luz eclipsa a una menor, sin embargo, la misma Fuente de Luz brilla en ambos.

42. Aquí está la manifestación más maravillosa, algunas personas dirán que es un fenómeno, pero en realidad no es un fenómeno sino la expresión de esa Vida única, percibiéndose a Sí Misma a través de la Conciencia de otro.

43. El hermano puede abandonar su cuerpo en cualquier momento. Él en realidad no se va, como uno diría, sino que retrocede de la Conciencia exterior

a la Conciencia interior y al retroceder dentro de la Conciencia interior puede entrar en contacto con ustedes en cualquier momento.

44. El puede tratarlos, ayudarlos, él puede llamarme en cualquier momento para traer más ayuda cuando se necesite.

45. Por lo tanto, a través del Santuario se hace en todo el mundo un trabajo de sanación silencioso. Y como la conciencia en el hombre percibe más este tremendo poder que está en el interior, empieza a manifestar este poder.

46. En el mundo hay un Amor infinito, eterno y perfecto, porque Dios es Amor y el Amor es Dios, y la conciencia debe percibir esto para expresar el Amor verdadero, el secreto de la Dicha Divina.

47. La Conciencia del hermano se elevó de lo personal a lo Universal, pero esto no significa una pérdida de identidad sino una individualidad mayor en unidad con el Todo.

48. El Cristo es la individualidad del Padre en expresión; no hay separación entre el Cristo y el Padre, porque son uno. El Padre expresándose en la individualidad es el Cristo en ustedes, ahora.

49. Pero como el Cristo retrocede dentro de la conciencia de la Vida que está en todas partes, por eso puedo venir con todos ustedes en la omnipotencia del Padre. Y quien pida algo en mi nombre se le dará, porque el Padre y Yo somos uno.

50. De este modo también se eleva su conciencia. La conciencia del hombre debe elevarse para reconocer la Conciencia de Dios. Y por estas pláticas su conciencia está ascendiendo de la conciencia del ser para reconocer la Conciencia de Dios, donde mora el Cristo.

51. El Señor mora en Su Templo sagrado: no el Templo hecho con las manos sino por la palabra que emana de la boca de Dios y "Yo soy esa Palabra, nada ha existido excepto a través mío".

52. Deben percibir la Conciencia de Dios dentro de ustedes mismos, porque sólo por eso han llegado a la existencia.

53. El hombre ha intentado explicar con su mente finita la Infinita sabiduría y amor de Dios en el plano del sentido mortal.

54. ¿Podrían con su nuevo conocimiento, atreverse a limitar al Santísimo como una persona? ¡El hombre que no se conoce a sí mismo osa explicar la totalidad de Dios!

55. Su fe no debe depender de la sabiduría del hombre sino del poder, el amor y la sabiduría de Dios.

56. El Amor, la Sabiduría y el Poder de Dios existieron antes de que el mundo fuera. Pero ninguno de los gobernantes del mundo lo conocieron. Si lo hubieran conocido no me hubieran crucificado.

57. Sin embargo, a través de la crucifixión todos llegarán a saber la verdad de que Yo estaba antes de

que el mundo se formara. El Espíritu de Dios ya era antes de que el mundo se formara y el Espíritu ha encarnado y mora en la tierra, sin embargo, el mismo Espíritu mora en el Cielo.

58. Porque fue por mí y a través de mí que el mundo se formó. Ésta fue la sabiduría de Dios Padre expresándose a través del Hijo, el Hijo del mismo Dios vivo, "y Yo soy Aquél que vive en ustedes".

59. Está escrito que el ojo no ha visto y el oído no ha escuchado y el corazón del hombre no ha concebido las cosas que Dios ha preparado para los que Lo aman.

60. Sin embargo, Dios me ha revelado a ellos por Su Espíritu, porque el Espíritu busca y revela todo, aún en las profundidades de Dios.

61. Es el Cristo que está en el interior, que conoce la mente del hombre, y nadie conoce la Mente de Dios excepto el Espíritu de Dios.

62. Perciban que el Cristo distingue todo, pero nadie puede describirlo a Él. El Cristo es quien distingue lo falso. El Cristo es quien disuelve la ignorancia en el mundo.

63. En este momento, alrededor de ustedes, hay probablemente un cuarto de millón de almas escuchando mis pláticas, muchos de ellos están mezclados con ustedes.

64. Escuchan mi voz aquí en el físico, sin embargo, en los planos internos mi voz también se escucha; en

los planos espirituales superiores mi voz también se escucha, también por muchos que están despertando a la Verdad del Cristo en su interior.

65. Yo soy el Ungido de Dios, el mismo Espíritu de Dios que fue antes de que el mundo empezara y a través de mí todas las cosas que llegaron a ser fueron creadas.

66. Si buscan en su interior con la suficiente profundidad aprenderán de Él Quien es grandioso en Su mansedumbre y superior en Su humildad.

67. Su personalidad se aclara cuando se dan cuenta de su relación con el todo.

68. Su mente se aclara cuando se llenan de la reverencia santa, el centro del corazón se llena con esta luz. El más débil, el más humilde y la persona más mansa tienen todo el Universo para recurrir.

69. Sin importar quiénes sean, o lo que sean, recuerden que el Cristo mora en ustedes. El Cristo, muchas veces, está oculto por la ignorancia del sentido mortal que sólo puede escuchar del exterior, pero, si consiguen despertar al Cristo interno, la voz serena y tranquila que tiene todo el poder se manifestará a través de ustedes. Este despertar es la percepción de su unidad con todo, con Dios que es todo.

70. Porque éste es mi hijo que murió y ha llegado a la Vida, se perdió y ahora se encontró.

71. Porque el cielo está más gozoso por uno que alguna vez se perdió y ahora se encontró, que por noventa y nueve que no se extraviaron.

72. Muchos están enojados porque el Padre ama a la oveja perdida, sin embargo, les digo que uno tiene más necesidad del amor del Padre. Crean en mí y sepan que el Amor de Dios se expresa a través de mí y que amo a todos, aún a los que me despreciaron.

73. Mi conocimiento de Dios nunca está empañado por la injusticia que se hizo; mi conocimiento y comprensión del amor del Padre me permite entrar a ese estado verdadero donde puedo decir, "Padre, perdónalos, porque no saben lo que hacen".

74. Habrá aquéllos que pueden no haberse desviado del redil, sin embargo, no son capaces de participar de los regalos que el Padre les da a todos los que Lo aman. Porque no saben que siempre están con Él.

75. Llaman y gritan con una voz fuerte a Dios, pensando que Él puede escucharlos desde lejos. Pero les digo que "Yo soy Aquél que vive y mora en ustedes, Yo soy el Hijo de Dios, Yo soy la Luz del Mundo, Yo soy la verdadera individualidad del Padre y cualquier cosa que le pida al Padre, el Padre lo proveerá". Si pueden entonces pedir en mi nombre, reconociéndome en ustedes, cualquier cosa que pidan se les dará.

76. El Padre siempre está hablando en su corazón, si pueden escúchenlo, "Hijo Mío, siempre estás Conmigo y todo lo que es Mío es tuyo".

77. Ustedes existen porque Dios Es, y todo lo que Él tiene es suyo.

78. Parece que a muchos de ustedes les falta vitalidad; esto es porque viven una existencia distinta en los tres planos de la manifestación: Espiritual, Mental y Físico, o Espíritu, Mente y Cuerpo.

79. Este estado de existencia distinto es provocado por su creencia en el hecho de que la Vida deriva de alguna fuente externa.

80. Casi todos ustedes le prestan demasiada atención al cuerpo y muy poca a la Fuente de la Vida.

81. Deben reconocer primero que el Espíritu es la única Fuente de la Vida y la vitalidad. Extraigan primero de esa Fuente, entonces, el alma y el cuerpo se alimentarán y sustentarán.

82. Es Dios el que los inspira con la voluntad para hacer las cosas buenas que desean hacer y el poder para hacerlo es conforme a su comprensión, porque Dios siempre está inspirándolos a que realizen Su voluntad.

83. Para amar a Dios también deben amar a sus semejantes, porque Dios es sus semejantes. Si me aman, entonces deben amar a los que están a su alrededor, porque ellos también soy Yo. Se les ha dado el libre albedrío para actuar conforme a la Ley que conocen, pero cuando el Cristo está en el trono, entonces el Cristo se manifiesta perfectamente. Dejen que este Cristo en ustedes sea entronizado en el Templo Santo, el Templo del Dios Vivo no hecho con las manos.

84. El secreto de la realización es hacer todas las cosas sin discusión ni duda. Esto hace que opere el Poder Creador para realizar.

85. Sólo en la tierra se puede hacer este gran trabajo; ustedes aún no saben qué importante es trabajar ahora. El Espíritu no se puede separar del Espíritu; Es indivisible.

86. Deseo que estas pláticas les ayuden a entrar en su propio ahora.

87. Si ustedes perciben que el Espíritu de Cristo es omnipotente, omnipresente y omnisciente, ¿entonces por qué esperan? Está mal que esperen y aguarden la gracia de Dios sólo en algún tiempo futuro.

88. El Espíritu en ustedes es el Ungido de Dios y el Espíritu no puede ser menos que grandioso; entonces dejen que el Cristo en ustedes tome posesión de su alma y de su cuerpo y todo lo que esperaron llegará a pasar.

89. Recuerden que la Palabra fue en un principio y que esa misma Palabra era Dios, y Dios era esa Palabra; entonces, sean fieles a esta Palabra.

90. Recuerden que la Palabra fue en un principio y que la Palabra se hizo carne y moró entre nosotros.

91. Sus pensamientos son la exhalación de esta Palabra, la primera Causa de Todo. "Yo Soy la Palabra y mi Palabra no regresa a mí vacía sino que realiza aquello a lo que se le envió".

92. El Espíritu siempre me está revelando, el Ungido de Dios y el Espíritu los conducirán a toda la Verdad. La Verdad es la que los hará libres. Ninguna otra cosa puede liberarlos excepto la Verdad del Dios Todopoderoso. Y cuando la Verdad del Cristo more en su interior, la Palabra que era en un principio, la Palabra que se hizo carne, entonces ya no habrá ningún temor o duda.

93. Hay muchos que permiten que entren los antagonismos en el corazón y la mente e impiden que el Cristo se manifieste.

94. Dejen que entonces este Cristo more en su corazón y sea la luz que brille en su alma entonces no serán sólo palabras. Ustedes trabajan en Dios; ustedes son los sarmientos; y ustedes están siendo podados para que puedan producir más frutos.

95. "YO SOY" la Palabra que los poda.

96. ¿No reconocen el significado de mis palabras? "No hablo como un mortal sino como el Ungido de Dios. Los elevo de su sentido mortal a un estado de conciencia Espiritual para que puedan entenderme".

97. Su sanación tuvo lugar cuando Dios habló en Su Templo Sagrado y todos los sentidos fueron silenciados por la Presencia de Su tranquila y serena voz.

98. Todas las personalidades externas dejan de afectarlos cuando ustedes entran a este estado bendito del Cristo interno. "Yo Soy Aquél que era en el principio y es ahora y será eternamente".

Notas del Escritor:
> Silencio, mientras se escuchaban música celestial y cánticos.

99. Muchos de sus seres queridos que vivieron con ustedes en la tierra han entrado a la esfera más grande de la conciencia de la Vida, y en este momento están aquí con ustedes. Se han reunido a su alrededor y pueden acercarse a ustedes mientras ustedes me escuchan.

100. Casi no saben qué cerca están. Ellos observan y oran con ustedes.

101. Escuchen mi palabra y comprenderán la Voz interior, así su Vida será plena, sus cuerpos perfectamente íntegros. Estarán a salvo del daño o accidente, porque el velo que nos divide es muy fino.

102. Ustedes pueden romperlo con sus pensamientos y de esta manera podemos llegar a ustedes; esto — y más — se les revelará a ustedes, "porque Yo estoy siempre con ustedes, aún hasta el final del mundo".

103. Y mientras me escuchan yo puedo enseñarles. ¿Piensan que Yo estoy lejos? ¿Piensan que hay una división en el espacio que nos separa?

104. No hay separación en el Cristo; no hay separación en esa Vida "única" que existe a través de todo. Dios no se ha dividido a Sí Mismo, Él se ha individualizado a Sí Mismo, pero ésta no es una división. Es una individualidad en unidad.

105. Dios no creó nada separado de Él Mismo, pero a través de mí Él se expresa a Sí Mismo y Yo soy Su hijo. Aquél que me escuche, libre de limitaciones, conocerá mi voz, porque Yo hablo por el Mismo Padre que siempre permanece en mí.

106. Ahora entremos al Santuario del Poder Sanador Silencioso, quiero que mantengan sus ojos abiertos y vean hacia mí, y percibirán al Cristo que vive en todos y cada uno de ustedes.

107. Busquen primero el Amor y la Sabiduría de Dios y todas las cosas les llegarán por añadidura.

Notas del Escritor:
> En el Silencio, una luz brillante ilumina todo el auditorio. El rostro del Maestro se vuelve tan brillante que no podemos mirar Su rostro. Entonces Él se marcha con las palabras:

"Que mi Paz y mi Amor estén con Ustedes"

Plática 5

porque Yo Vivo, así Ustedes también Vivirán

*Os dejo mi paz y mi amor; como Yo vivo,
ustedes vivirán en mí y Yo en ustedes
ésta es la Vida Eterna*

1. No hay nada en la vida que ustedes necesiten temer. Déjenle todo al Padre y sean pacientes.

2. Si están llenos de temor, esto provoca que ustedes flaqueen. Por lo tanto, muchas veces hacen cosas erróneas que pueden afectar su vida personal; no es que tenga mucha importancia, porque la Vida es la única Realidad; y al final todas las cosas se mueven en la dirección correcta.

3. Pero si no temen y son pacientes, el Padre tomará Su sitio en ustedes, y Yo estaré con Él, y ustedes serán libres ahora.

4. Sepan que viven en Dios y Dios vive en ustedes; no hay exterior y no hay ninguna parte donde Dios no esté. Ahí ustedes están a salvo en todo momento en todo lugar, cuando esta Verdad se sepa en verdad.

5. Oh, cómo puedo hacerles comprender que es Dios quien vive en y a través de ustedes — el Mismo Padre, Su Conciencia, Su Vida, Su Inteligencia y en Su Sabiduría, Él está expresándose continuamente a Sí Mismo en y a través de ustedes. Si pueden percibir esta maravillosa Verdad sabrán que no hay ningún sitio donde Él no esté; Él es omnipresente, Él está en todo lugar y donde estén ustedes, ahí estará Él.

6. El secreto del poder está en el interior de su propia conciencia, porque la Conciencia de Dios, la Inteligencia de Dios, está expresándose a Sí Misma a través de ustedes, haciéndolos hijos e hijas de Dios.

7. Dejen que el sentido mortal se silencie, entonces el Cristo interno tomará posesión de su cuerpo mortal. Cuando el sentido mortal está activo, el Cristo interno está en silencio.

8. No hay nada que temer, así que sean pacientes y dejen que el Padre hable por ustedes. Porque el Padre es el que habla en mí. Por mí mismo no soy nada, pero el Padre que mora en mí es todo. El Padre me conoce, Yo conozco al Padre y como Yo conozco al Padre, el Padre habla en y a través de mí. De este modo, traigo Su paz y Su amor, Su sanación y Su sabiduría.

9. El Padre siempre Se está manifestando en mí para ustedes, porque "Yo soy la Vida". YO SOY LA VIDA; la palabra que era en un principio.

10. Muchos se han negado a aceptarme como el Salvador de la Raza. Sin embargo, Yo soy la Vida, la Vida del Padre está en el Hijo, la única Realidad.

11. Yo manifesté al Padre en Su Amor, en Su Poder, en Su Sabiduría, Su Vida Eterna y vengo a darles libremente lo del Padre Que me envió. Ésta es la salvación de la raza.

12. No hablo desde la carne; hablo desde la Conciencia de Dios; en Dios moro eternamente y es el Padre en mí el que ahora les habla.

13. Y si ustedes aceptan mi "palabra", serán libres. Así como el Padre "Vivo" me envió, Yo estoy viviendo por el Padre, así que quien coma de mí también vivirá por mí.

14. Comer de mí, significa llevarme a su interior, estar dentro de ustedes, y Yo estaré en ustedes y ustedes estarán en mí, y todos estaremos en el Padre.

15. Siempre estoy tocando en la puerta de su corazón y siempre me encontrarán esperando ahí pacientemente. Y cuando abran la puerta de su corazón y de su mente, entonces entraré y habitaré con ustedes para siempre y ustedes estarán conmigo.

16. Éste es el Pan que baja del cielo y aquél que coma de este Pan vivirá eternamente.

17. Yo estoy vivo, y la promesa que hice es la palabra del Padre; por lo tanto, ustedes vivirán eternamente, ya que en mí no hay muerte, porque Yo soy la Vida.

18. Quizás algunos de ustedes aún no han entendido lo que dije y dudan de mi palabra.

19. El Espíritu de Dios en el hombre es "Yo Soy". Si leen el Antiguo Testamento observarán donde Moisés vio el arbusto en llamas que del arbusto salió una voz diciendo "Yo Soy". Ésta fue la palabra de Poder secreta que se le dio a los profetas y se le dijo a la multitud. Estaba en sus labios, pero ellos no la conocían; pero aquél que pudo comprender entró en la sabiduría de los profetas.

20. El Espíritu de Dios en el hombre es "Yo Soy", Yo soy Espíritu y el Espíritu asciende de donde vino. El Espíritu es el que da vida — el cuerpo no tiene vida por sí mismo; y las palabras que les he hablado son Espíritu y Vida.

21. Yo soy el Pan de la Vida que baja del cielo y ha entrado al mundo de la carne para darle Vida.

22. El cielo no es un sitio; es una conciencia interior, un conocimiento interno de la Realidad; y este conocimiento interno de la Realidad se conoce como el cielo que está arriba, así como la tierra que está abajo.

23. La tierra no es sino una manifestación de los reinos interiores y la Vida que la anima viene del interno y se expresa hacia fuera.

24. La conciencia interior es el cielo expresándose en la tierra a través del cuerpo. Yo sé y ahora ustedes saben, que ustedes son uno conmigo. Yo soy el cielo, y cuando ustedes me entiendan estarán en el cielo también, aún ahora.

25. Yo estoy en ustedes y ustedes están en mí, por lo tanto, si comen de mi cuerpo y beben de mi sangre ustedes estarán conmigo, porque yo estaré en ustedes y ustedes en mí, de esta manera me recordarán.

26. Mis palabras se han malentendido porque Yo hablo de la Vida interior. Cuando hablo de la Vida no quiero decir la carne, porque la carne no tiene ni voz ni voto en la materia.

27. Mi cuerpo Espiritual es sustancia, y es perfecto; sólo el cuerpo Espiritual es el que le da la sustancia a la carne. Si beben de mí —mi Vida— me llevarán dentro de ustedes. Si comen de mi cuerpo — mi sabiduría — entonces mi sabiduría estará en ustedes, y estaré con ustedes eternamente, de esta manera, me recordarán.

28. Mi enseñanza no es mía sino del Padre que vive en mí. Él habla por mí.

29. Ahora ustedes me conocen y saben de dónde vengo, pero no vengo por mi propia voluntad sino por Él, que me envió, y Él es auténtico. Es Él, el Padre a quien les revelo. Yo hago la voluntad de mi Padre y la voluntad de mi Padre se hace en mí.

30. Yo lo conozco a Él porque Yo soy de Él, y Él me envió, sin embargo, somos "uno". "El Padre y yo somos uno".

31. El tiempo llegará en que revelaré al Padre a todos los pueblos de la tierra y no habrá más gemidos o rechinido de dientes.

32. Habrá regocijo entre las naciones porque conocerán la verdad sobre "nuestro" Padre que está en el Cielo — NUESTRO Padre de Amor y Sabiduría.

33. Todos se perdonarán entre ellos, porque sólo a través del perdón y el amor pueden entrar al gozo de la Casa del Padre.

34. ¿Entienden lo que eso significa realmente? ¿Alguna vez han sentido el gozo de estar en la Casa del Padre? Sólo cuando puedan expresar ese Amor Divino, que los libera de todo lo que es falso, se manifestará en ustedes el Cristo, la Bienaventuranza del Padre. ¿Pueden ahora darse cuenta del gozo de estar en la Casa del Padre ahora y eternamente?

35. Y todos compartirán su porción cotidiana del Pan de la Vida que baja del cielo. Este pan es el pan verdadero, la Vida — "y Yo soy esa Vida".

36. Antes les dije: "Perdónense unos a otros". También les dije: "Ámense unos a otros".

37. Mis palabras son ciertas, porque el Padre ama a todos y cada uno con un Amor eterno, y con ese mismo Amor ustedes deben amarse.

38. Su Amor es supremo, poderoso, arrollador. Si Su amor está en ustedes, hay gozo del Padre. Que Su amor y Su paz reinen en ustedes eternamente.

39. Porque toda su voluntad, pensamiento y cerebro son conducidos por este Espíritu Santo invisible al conocimiento de toda la verdad.

40. Su voluntad que se hace en los cielos también podrá hacerse en la tierra, a través de ustedes. En su propio corazón se hace la Voluntad de Mi Padre.

41. Los reinos interiores de mi conciencia actuarán en el exterior, y la sensación mundana se silenciará y el Cristo tomará Su lugar en el mundo para redimirlo.

42. Su estado actual es de entrenamiento y desarrollo. Ustedes aprenden lecciones de la niñez antes de convertirse en adultos.

43. Ahora están pasando por las etapas, y en su corazón y su mente llegarán al verdadero conocimiento del Cristo interno que es todo poder, colmado con el amor del Padre.

44. Escúchenme y lean mis palabras, y cada vez que las lean tendrán un nuevo significado. Repetiré la Verdad de muchas formas distintas hasta que empiecen a comprender.

45. Entonces se colmarán de mi conocimiento. Mis palabras son vida, y éstas fortalecerán su corazón y su mente en su vida cotidiana.

46. Léanlas con calma y tranquilidad en su hora de descanso y permanecerán con ustedes.

47. Cuando les hablo ahora les digo la verdad, porque sienten la verdad de mis palabras en ustedes.

Cada palabra que hablo es verdad, pero yo sé que no siempre se sujetan a mis palabras.

48. Ahora que ya me han visto, me han escuchado y les he dado lo que mi Padre me dio, así deberán recordar mis palabras. Permanecerán mis palabras con ustedes y cuando recuerden mis palabras me recordarán.

49. Todos vienen a mí, porque morir en el cuerpo es vivir con el Señor.

50. Ya están entrando al conocimiento más extenso. Benditos sean aquéllos que escuchan estas palabras, porque muchos han salido del cuerpo ignorando mucho de lo que ustedes conocen.

51. Muchos de los que me escuchan, aunque sean invisibles para ustedes, han salido del cuerpo terrenal sin entender la verdad de que la Vida es Eterna. La Vida no se interrumpe por el suceso llamado muerte; no hay una ruptura en la vida, en el nacimiento o en la muerte.

52. Recuerden que en la vida no hay nacimiento o muerte. Los seres invisibles que están a su alrededor y arriba de ustedes, saben que no hay una división en la Vida, ni tampoco hay una separación entre aquéllos que han abandonado el cuerpo y aquéllos que siguen en el cuerpo. Éste es el Cristo, Yo soy la Vida, el Padre permanece eternamente conmigo, Él es el Padre que también siempre permanece en ustedes y en el Padre no hay muerte, ni separación.

53. Ustedes son seres espirituales indestructibles, y esta verdad altera toda su actitud mental hacia la enfermedad y la muerte.

54. Háganse esta pregunta y siéntanse satisfechos respecto a ello: "¿Quién soy yo?" Es una pregunta adecuada; por lo tanto, busquen en lo más profundo de su corazón y su mente, y encontrarán la respuesta.

55. "Ustedes son, porque Dios es". No puede haber una separación entre ustedes, el Padre y yo, porque todos somos uno. No hay separación porque no hay un exterior de Dios. No hay división en Dios.

56. Se han convertido en individuos porque el Padre Se individualizó en ustedes; de esta manera manifiestan la Vida del Padre.

57. Donde están en este momento es porque Dios está donde ustedes están y nadie más puede tomar su lugar en el plan Cósmico perfecto.

58. Vengo a hacer el trabajo que el Padre me envió a hacer.

59. No se rebelen contra las condiciones, aprendan sus lecciones por éstas.

60. Sus sentidos mortales los ciegan a esta verdad porque ven al exterior en vez del interior.

61. Cuando ven en el interior, encuentran al Cristo; y por su unidad con el Padre ustedes espiritualizan todas las cosas, y desaparece la confusión. Todo se vuelve real por la presencia del Cristo en ustedes.

62. Yo uso mi poder con sabiduría porque el Padre me guía; por lo tanto, mi amor sale hacia todos porque sé que el Padre es amor y ama a todas Sus Creaciones. Sólo los sentidos mortales no comprenden el Amor y la Paz hacia todo.

63. Recuerden que no hay separación entre ustedes y yo, o entre ustedes y aquéllos que han abandonado el cuerpo mortal.

64. El temor es la única barrera y este temor sólo existe en su mente; no es una realidad, es de su propia creación por su reacción al exterior mientras no se conoce el interior.

65. Porque el Padre reina eternamente y Él conquista a través de mí a todos los enemigos; y el último enemigo es el temor a la supuesta muerte. Habiendo erradicado este temor, todo se renueva a través del Cristo interno.

66. El Hijo también está sujeto al Padre, porque el Padre es todo en todo. Yo solo no soy nada; el Espíritu del Padre en mí es el que hace el trabajo.

67. Sostengan esta actitud de mente y de corazón para que puedan recibirme. A través de esta actitud de mente y de corazón el Padre, que siempre está en mí, también está en ustedes. Él les hará lo que Él hizo por mí.

68. Porque todo el bien existe eternamente, y este bien los rodea y nunca puede cambiar o perderse.

69. Este bien se daña sólo porque sus ojos perciben el bien y el mal; lo único que es Real es aquello que es

y no lo que no es. Dios está ahí; no hay otro Ser vivo sino Él. Él creó el cielo y la tierra, y todo lo que vive ahí y allá.

70. Mi palabra es buena, produce buenos frutos; esta palabra es eterna porque viene de Él, que me envió.

71. Quien escuche esta palabra y no se sujete a Ella, Es arrancado. Es como la semilla que fue sembrada al borde del camino y no echó raíz.

72. Hay otros que escuchan mi palabra del Reino interno. Ellos la aceptan de inmediato y están gozosos, pero no echa raíz, excepto por un rato, y después se olvida, y cuando llegan los problemas, muere porque las raíces no son suficientemente profundas. Es como la semilla que cae en un suelo rocoso.

73. Cuando no se sujetan a la palabra, es arrancada de ustedes porque no echó raíces en su alma. La palabra debe penetrar profundamente en su alma y ahí echar raíces y sostenerse rápidamente por la fe.

74. La palabra es "Yo soy la Vida". Tengo dominio sobre todas las cosas. Se me ha dado todo el poder en el cielo y en la tierra.

75. Las riquezas también pueden obstruir la palabra por los deseos y los engaños mundanos; éstos son los cardos que obstruyen el crecimiento. Piensen en estas palabras mías sinceramente.

76. Ustedes han escuchado la Palabra y ahora la comprenden; así crece en buen suelo y produce frutos,

porque ustedes son la buena tierra que produce, algunos de ustedes al cien por ciento, algunos sesenta, otros treinta.

77. Como les dije la última vez que nos reunimos, ustedes no me eligieron, sino que yo los elegí.

78. Ahora, cuando siembre mi semilla en ustedes y ustedes acepten mi palabra y esta palabra more en ustedes, Yo estoy en ustedes y ustedes en Mí.

79. Mi palabra es la levadura en ustedes y cuando le permitan trabajar en ustedes, se convertirán en levadura.

80. Mi palabra brotará en ustedes. Es el brote de la Vida eterna, llenará su alma y su cuerpo, y respiraremos y pensaremos como uno solo. De esta manera, comerán de mi cuerpo y beberán de mi sangre, así, me recordarán.

81. Saco secretos que están ocultos en ustedes antes de la fundación del mundo.

82. Su trabajo que han emprendido desde el inicio y cada paso que dan es el correcto. Quizás no ven el fin y por eso dudan; pero ni su duda puede hacer que se detenga el plan creador, que se altere y cambie.

83. Nunca se desanimen por las apariencias, siempre vean lo bueno a lo que todo llegará. Sepan que el plan eterno debe cumplirse, porque es la voluntad de Dios. La gloria y el propósito detrás de esto es el amor, la paz, la armonía, la buena voluntad hacia todos los hombres.

84. Actualmente, ustedes están en la tierra para ayudar en este trabajo. Por eso he venido con ustedes. Estoy con ustedes, ayudándolos siempre. Quizás no se han dado cuenta de esto por completo, pero estas palabras mías son ciertas y cualquier cosa que me pidan creyendo, así se hará en ustedes.

85. Sepan que Dios es el Amor Encarnado y el Amor nunca falla, sino que renueva las cosas.

86. Si creen que Yo soy aquél que habló por la boca de Jesús y me aceptan ahora, harán muchas cosas en mi nombre, porque siempre estoy con ustedes y conmigo está el Padre que me envió.

87. El que vive es el Padre; Yo vivo porque Él vive en mí. Ustedes viven por Él; Yo vivo en el Padre y el Padre vive en mí, y yo vivo en ustedes y todos vivimos en el Padre.

88. No llamen Padre a ningún hombre en la tierra porque uno es su Padre que está en el Cielo.

89. Aquél que no cree en el Hijo de Dios y lo rechaza, no se conoce a sí mismo.

90. Entre más sepan de mí y de mi Padre, mayor se vuelve su reverencia por la exquisita sabiduría y orden en todo lo creado.

91. Las mismas piedras y rocas son maravillas de Su creación; cada gota de rocío obedece Su ley y cumple Su propósito eterno.

92. Cuando se abran a la palabra que era en un principio, discernirán las leyes superiores y estarán en armonía con ellas.

93. Pueden cometer errores, pero estos se convierten en experiencias para ayudarles. No teman, no lamenten el pasado; sepan que el supremo Amor Eterno está buscando expresarse ahora en todos lados.

94. Yo soy la Luz en el hombre y aquéllos que me sigan no caminarán en la oscuridad: Yo soy la Luz del Mundo.

95. Yo les revelo al Padre en toda Su gloria. He venido con este propósito.

96. Los Fariseos dijeron: "Tú declaras con respecto a ti mismo, tu testimonio no es verdadero".

97. Ellos no conocían el Espíritu de Dios, ni sabían de dónde vine o a dónde iba. Yo sabía de dónde venía y a dónde iba.

98. Supe que venía de Dios; supe que Él me envió al mundo. Supe que el mundo me rechazaría, pero al rechazarme, el mundo está obligado a aceptarme. Pero déjenme decirles esto: rechazarme es rechazar al Padre que me envió. Yo soy la Luz del Padre, la Conciencia de Dios expresándose a Sí Misma en el hombre.

99. El hombre juzga según la carne, pero yo no juzgo a nadie; y si Yo juzgara, mi juicio sería cierto, ya que no estoy solo, porque mi Padre siempre está conmigo.

100. Yo declaro en cuanto a mí mismo, mi Padre que me envió declara con respecto a mí, y si me

aceptan, también aceptan a mi Padre. Dense cuenta de que no hay separación, entonces me conocerán.

101. El Cristo siempre satisface las necesidades de la gente en su grado exacto de desarrollo.

102. De esta manera, nunca dejo de ayudar si pueden creer, porque el Amor del Padre satisface cada necesidad, porque Él sabe que tienen necesidad antes de que pidan. Ésta es la eterna promesa que existe en todos aquéllos que creen en mí.

103. Cuando amen con todo su corazón, alma, mente y fuerza, Yo reinaré en ustedes y nada será imposible para ustedes.

104. El Amor del Padre en mí, se expresa en ustedes. En ese Amor hay Inteligencia, Poder y Sabiduría para realizar todas las cosas.

105. No dejen de entender que el cuerpo Espiritual es una sustancia perfecta y cada parte de su cuerpo material actuará en obediencia al Cristo, la única *Realidad*.

106. Si sufren, sufran en paz y yo reinaré en su vida, porque Dios está trabajando entre ustedes y no puede fallar; entonces su sufrimiento no será en vano. Sentirán el poder del Cristo y ya no tendrán sufrimientos. Conmigo, su yugo es ligero.

107. El Padre vive conmigo en su vida, aún en la carne; por lo tanto, vivan por la Palabra que está en ustedes. Yo que los amo he dado mi vida por ustedes y donde Yo estoy ahí estarán también.

"Que quede con Ustedes mi Paz y mi Amor"
Silencio

Notas del Escritor:

> Antes de que el Maestro se marchara se vio la misma luz brillante y a lado del Maestro aparecieron dos de sus discípulos, uno a cada lado, y cuando se fueron la música y los cánticos se apagaron. Los estudiantes permanecieron sentados un rato, hechizados por la maravillosa experiencia.

Plática 6

*el Espíritu del Padre,
que me Resucitó
de entre los "Muertos",
mora en Su interior*

---

1. El Espíritu del Padre, que me resucitó de entre los "muertos", mora en su interior.

2. Quizás no perciban la importancia de estas palabras. Pero es el mismo Espíritu y no hay división en el Espíritu, el único Espíritu se manifiesta en la mayoría y esa mayoría, en el Único.

3. Este poder supremo fue el que vi completamente en mi propia vida y por su reconocimiento pude usar el poder del Espíritu de Dios Padre, que mora en

mi interior; este Espíritu del Padre que me resucitó de entre los muertos está también en su interior.

4. Cuando su sentido mortal indique desorden, dolor y muerte, recuerden al Espíritu del Padre que permanece en su interior.

5. Pidan que Se manifieste por la palabra de poder "Yo Soy". ¿Se han dado cuenta plenamente del significado de la palabra "Yo Soy"?

6. No pueden decir la palabra "Yo Soy" en la Realidad, a menos que conozcan el significado de Ella, y cuando conozcan el significado de la palabra "Yo Soy" habrán aprendido la palabra de poder. "Yo Soy la Vida". Yo estoy vivo porque Su Vida existe en mí. La Vida es Dios y Dios es Vida.

7. Por lo tanto, mi Espíritu resucitará su carne mortal y el Satán de los sentidos estará bajo sus pies.

8. El Satán de los sentidos siempre ha sido el que los ha cegado a la verdad real del poder inmanente del Espíritu, que mora en el interno.

9. Los sentidos les revelan cosas del exterior, pero el Espíritu de Dios revela la Verdad del interno, y al no tener esta Verdad no tienen poder.

10. Los sentidos mortales sólo ven las cosas del exterior y no sabe qué es aquello que ve. Sólo razona por el intelecto. No está inspirado, porque la inspiración debe venir del Espíritu interno.

11. El Padre que mora en su interior se manifiesta a Sí Mismo a través de su conciencia, porque su

conciencia es el medio por el cual ustedes expresan al Padre. Entérense en su propia conciencia del gran secreto de poder "Yo Soy". Digan la palabra de poder "Yo Soy", después su conciencia se dará cuenta del tremendo poder que hay detrás de ella. El Universo no está dividido, es "uno" completo.

12. Llenen cada día el Templo Santo con vibraciones positivas fuertes de la Vida del Cristo, elevando el ambiente más allá de los sentidos mortales.

13. Su crecimiento en la verdad es tan sencillo, tan natural, porque el Padre está trabajando entre ustedes y no puede fallar.

14. Ustedes no viven solos. Piensan que viven solos, porque esa es una ilusión de los sentidos. No hay división en la Vida, no hay separación entre ninguno de nosotros.

15. Está en la raíz de la Vida única, fluyendo de la fuente única, el Espíritu único manifestándose en todo.

16. Si de alguna manera su conciencia estuviera separada de la Conciencia Infinita, entonces el Infinito no podría ser infinito. Si ustedes, los seres vivos sobre la tierra, estuvieran separados de Dios, entonces Dios no podría ser Infinito. Ahora ven claramente que no pueden vivir solos y que no hay separación en ninguna parte.

17. Para comprender esta verdad, el símbolo que se usa, para esta sustancia flexible que llena todo el

Universo, se conoció como "agua", pero en estos días se han usado otras palabras para expresar la misma cosa, como sustancia electrónica o éter, o espacio.

18. Aunque están conscientes de muchos desarrollos científicos que tienen lugar en el plano terrenal, no obstante, se darán cuenta que sólo a través del conocimiento de lo Espiritual llegan a los secretos del Universo.

19. Si los científicos abrieran su mente totalmente a la inspiración que viene del Espíritu, se les revelarían cosas grandiosas y poderosas.

20. Está por venir el día en que sea así, cuando el mundo haya entendido mejor su relación con el Universo como un todo, mostrando claramente que el mundo en el que viven está en "todo el Universo". Una porción de su sustancia electrónica que compone todo el Universo se moldea en la forma, pero aún existe en la única sustancia y nunca puede separarse de ella. Así mora en el interior el poder supremo, el Espíritu de Dios — el Cristo que crea. Esta es la Vida en el hombre. Yo soy Espíritu, el Ungido de Dios, la palabra que era en el principio.

21. Cuídense de aquéllos que provoquen divisiones contrarias a la doctrina que les he enseñado. Nunca ha habido ninguna división, sino sólo en la mente del hombre, y esta división nace de la ignorancia.

22. Posteriormente, cuando funcionen únicamente desde la conciencia del Espíritu, sus cuerpos serán más finos y su obediencia será inmediata.

23. Si pudieran darse cuenta de la importancia de estas palabras, que ahora son Espíritus, no tendrán que esperar hasta el abandono del cuerpo para convertirse en seres Espirituales; ustedes ya son seres Espirituales y así han sido desde el principio.

24. Y cuando llamen al poder del Cristo y se den cuenta de que es la fuente de donde vienen, pondrán a funcionar el poder que está más allá de los sentidos mortales.

25. El Cristo conoce todo, pero no todo se le revela a la conciencia en el hombre hasta el tiempo en que el hombre se desarrolle, y entonces el Espíritu interno revelará Su Gloria, Su Poder, Su Esencia, Su Amor, Su Paz. Sólo a través de la quietud de la mente se despliega la Verdad.

26. Entonces, si ustedes, seres de los sentidos mortales, se vuelven positivamente espirituales, podrán afirmar ahora su dominio sobre todas las cosas, negándose a reconocer las indicaciones que vienen de los sentidos.

27. Esto fue lo que vi con tanta claridad; hablé del Espíritu, infundiendo de ese modo la Vida en todo. Si pueden pensar y sentir conmigo, entonces, se darán cuenta de lo que quiero decir.

28. Cuando ven claramente que la Vida, la única "Presencia Viva" es el Mismo Dios, el Todopoderoso, el Todopoderoso entre ustedes, y cuando se dan cuenta de esto, su conciencia percibe el poder interno.

La conciencia es el medio por el cual el Espíritu se manifiesta en todos los planos.

29. Cuando su conciencia "percibe" la Vida, la Vida — siendo el sirviente de todo — se manifestará según su conciencia de Ello. Su conciencia se despliega a través de la realización del poder del Espíritu; la conciencia, entonces, revela y expresa aquello que percibe la conciencia.

30. Sientan entonces en su corazón el poder del Espíritu. Sientan y reconozcan en su propia conciencia el Poder Crístico al que se le ha dado el dominio sobre todas las cosas. Todo el poder me lo ha dado a mí en el cielo y en la tierra.

31. De este modo, el Cristo reinará también en ustedes, porque el Cristo es el único hijo encarnado del Padre que descansa en el seno del Padre.

32. Él es el Rey en todos los Reinos, y es victorioso en el cielo y en la tierra.

33. Ni siquiera un gorrión caerá al suelo sin la voluntad del Padre; por lo tanto, no teman; porque siempre estoy con ustedes.

34. Qué hermosa es esta Verdad cuando la reconocen. Ni una sola parte de su cuerpo puede afectarse a menos que haya un cambio que tenga lugar en la mente.

35. Todo existe en la mente de Dios y nada puede existir fuera de ello. A menos que vuelvan a nacer, esta vez del Espíritu y el agua, nunca entrarán al reino.

Esto significa que si no reconocen la Verdad dándose cuenta de la totalidad del Espíritu que se manifiesta, nunca podrán entrar al Reino del Poder Creador del Cristo.

36. Todo se me ha enviado por mi Padre y nadie conoce al Hijo excepto el Padre, y nadie conoce al Padre sino el Hijo.

37. Entonces vengan a mí todos aquéllos que estén cansados, todos aquéllos que lleven cargas y yo les daré descanso. Esto es verdad, porque Yo soy aquél que llevará su carga; si pueden echar su carga en mí, yo se las quitaré y ustedes serán libres.

38. Al Cristo se le ha dado todo el poder en el cielo y en la tierra. Busquen primero en el Reino de Dios y Su justicia, y todas las cosas se les darán por añadidura. Busquen el reino del Espíritu y el uso correcto de Éste, y todo se les dará por añadidura.

39. Su descanso es seguro, su fuerza se fortalecerá por la presencia del Señor, su Dios.

40. Por lo tanto, aprendan de mí, porque yo estoy tranquilo en mi corazón y fuerte en mi conocimiento. Encontrarán en mí un descanso para sus almas. Porque su corazón no está preocupado cuando es fuerte su conocimiento en mí.

41. Su corazón está en paz, lleno de compasión y de amor, cuando están fuertes en el Cristo. Entonces, conozcan al Padre como yo Lo conozco; Yo Lo encarné, todo Su amor, toda Su gloria, Su compasión, Su

sabiduría y Su poder. Este conocimiento en mi conciencia le revela la Verdad a todos los hombres.

42. Todo se me ha dicho por mi Padre y nadie conoce al Hijo excepto el Padre, ni nadie conoce al Padre excepto el Hijo. Entonces vengan a mí y yo les daré descanso.

43. Mi yugo es muy agradable y mi carga es ligera. Piensen en mí en sus horas de tranquilidad, porque yo estoy siempre con ustedes.

44. Separen un tiempo de sus tareas cotidianas, entren a la quietud y piensen en mí. Yo siempre estoy con ustedes; deben sentir mi presencia expresándose a Sí Misma a través de ustedes. Se levantarán consolados, gozosos y llenos de la "Presencia" del Cristo Eterno.

45. Ahora que han aprendido a decir "Yo Soy Espíritu", sepan que sólo el Espíritu crea.

46. El Espíritu en su interior es el que crea todo. Grandiosa es la suprema Mente de Dios como yo La conozco, pero los sentidos no les revelan esto. Aquello que es El Espíritu del Padre Que Me Resucitó es más real que aquello que ven y de lo invisible ha venido todo lo que ven. El Espíritu, el Invisible, es el poder animador y trae toda la forma a la Existencia. El Espíritu hace cosas al convertirse en las cosas Que hace. El Espíritu es completo en Sí Mismo. El Espíritu es todo y todo es Espíritu.

47. Una parte del Espíritu no puede separarse de otra; el Espíritu manifiesto no está separado del

Espíritu inmanifiesto. La Vida en ustedes de ninguna manera está separada de la Vida de Dios.

48. La raza está en su niñez respecto a este conocimiento, sin embargo, muchos están empezando a sentir el impulso de la Vida única del "Yo Soy".

49. Estas palabras mías tienen el propósito de desplegar lo Real detrás de la sombra y lo que siente, que también deben sentir mientras me escuchan. De ese modo, aprenderán de mí. Estudien estas palabras hasta que sientan el "conocimiento".

50. Hay lo que llamamos comunicación telepática de una mente a otra o de una conciencia a otra; hay una línea directa de comunicación igual a la que tienen en su mundo cuando levantan el instrumento que usan para escuchar a una persona hablando a otra a la distancia.

51. Es igual aquí: como es arriba, es abajo. Hay una comunicación telepática de una mente a otra. La mente que está entrenada para el trabajo expresará los pensamientos que yo doy.

52. Notarán que la conciencia del hermano está elevada del sentido mortal, elevada por encima del sentido físico a la conciencia del reino interior. Su conciencia está enlazada con la conciencia y después transferida de regreso al cuerpo, usando el cerebro y el cuerpo como un portavoz.

53. Mientras sucede este proceso, él sabe todo lo que está sucediendo, pero, cuando cesa la transmisión

de mi ocupación, él no sabe nada de lo que ha tenido lugar hasta el momento en que lo escucha otra vez en la grabadora, que se ha colocado tras la estructura detrás de él.

54. Si el hermano meditara, se sentara en paz y entrara nuevamente a los reinos internos de su propia conciencia, él encontraría que todo está impreso ahí, y todo lo que he dado lo produciría otra vez. Por eso, después de que se hayan dado estas conferencias, él será un instrumento más grandioso que nunca para expresar la Verdad.

55. Él fue entrenado en los Himalayas para este propósito — algunas veces en completa meditación durante siete días o más, sin siquiera alimento o bebida, hasta el momento en que pudo recibir la vibración más elevada.

56. Por consiguiente, lo hemos usado por todo el mundo y lo usaremos otra vez en diferentes partes del mundo. Les digo estas cosas porque deben saberlas. Un día nos lo llevaremos de su vista a nuestro mundo en el Espíritu, donde trabajará otra vez entre ustedes, en la invisibilidad. Lo hemos mantenido con vida, joven, fuerte, viril y seguirá siéndolo mientras esté en la tierra.

57. La música más refinada que hayan escuchado en la tierra sólo puede darles una idea de la belleza guardada en el alma del compositor.

58. Así es con ustedes. Lo que les doy, les permite sentir un poco de la belleza que está guardada para

aquéllos que me aman, y aquéllos que me aman, también aman a mi Padre. Porque he encarnado al Padre, así que si me conocen también conocerán a mi Padre — su Padre.

59. Su amor fluye como música en las esferas y queda implantada en todas las almas que se abren a Ella.

60. Todos están buscando la felicidad, pero nadie puede encontrarla en el exterior; sólo a través de la comprensión interior se puede sentir el gozoso poder de este ritmo.

61. La música — el Amor y la Sabiduría de Dios — se expresan a través del alma. De este modo Lo perciben manifestándose en sus cuerpos. Por eso digo, les doy mi paz y mi amor, y mi paz y mi amor estén con ustedes.

62. ¿Cómo puedo explicar aquello que está fuera de su comprensión? Sólo ábranse a mí y mis pensamientos se manifestarán en ustedes.

63. El Padre siempre está más allá del ideal más elevado y su crecimiento revela más de Él que es el aliento de Vida.

64. Aunque las brumas estén sobre la superficie de la tierra, la luz está empezando a perforar su camino a través, y en su generación muchos más están empezando a ver y a saber la Verdad.

65. Porque actualmente ven vagamente a través de la bruma y sólo saben en parte, pero sabrán aún cuando sean conocidos.

66. La mayor ignorancia que vine a romper hace 2,000 años aún continúa. Ha habido muy poco cambio en las religiones ortodoxas.

67. Tantas divisiones se hayan creado por las diferentes religiones, tantos conflictos hay. Pero, como ven ahora, no puede haber división en Dios, no puede haber división en ninguna parte.

68. La división nace de la ignorancia en la mente del hombre. ¿Se puede disolver de alguna manera esta ignorancia? Sí. Las influencias Espirituales que ahora orientan sobre el plano terrenal están empezando a disolver esta bruma de ignorancia, y ustedes, y muchos más como ustedes, son los medios a través de los que se disolverá.

69. Su comprensión de esta verdad en sus horas de silencio cargará el ambiente de sabiduría y amor. Su amor y su paz ayudarán al mundo.

70. Porque el Padre se vuelve más amoroso a medida que su visión se aclara; y lo que ve el ojo interior, lo mostrará en adelante el alma.

71. Esto los llama progresivamente en una corriente interminable de luz a la fuente de donde proviene.

72. Y Su grandeza nunca es más grande que cuando Lo vemos en Su humildad, donde Él levanta a todos a la seguridad, a través de Su amor supremo.

73. Hace casi 2,000 años di una parábola. Se llama el Hijo Pródigo, y si leen esa parábola otra vez verán la profundidad del Amor del Padre.

74. Nadie puede ser separado nunca del Padre, ni siquiera Su hijo más desobediente, y ese hijo necesita más amor que uno que sea obediente.

75. Esto llena el alma con la adoración por Su Amor benigno. Porque nuestro Dios está por sobre todos los dioses creados en la mente del hombre. Porque nuestro Dios-Padre-Madre está más allá de la concepción más grandiosa que sea capaz de imaginar el hombre.

76. Pero veremos con una mente abierta la gloria de nuestro Dios-Padre-Madre y con esto se transformarán en la misma semejanza — de una gloria a otra, igual que el Espíritu del Cristo, el Hijo manifestando al Padre.

77. Es Cristo, el Hijo, el que reconoce al Padre. El Cristo es el Espíritu también en ustedes y si Lo pueden percibir y reconocer, Hará en ustedes lo que hizo en mí, y si creen en mí, harán cosas más grandes. Porque Yo soy el Cristo revelándoles al Padre.

78. Así vio mi Madre Bendita, y a través de su visión Yo nací en la carne. "Yo Soy" la palabra que encarnó.

79. Su madre en la tierra está cerca, y es querida por Dios y por ustedes. Intenten imaginar qué gozo le dan a ella sus sacrificios por ustedes.

80. Entre más se acerquen al amor de su madre más cerca tendrán el Amor del Padre que se manifiesta en Su creación.

81. Porque en la madre se ve al Padre trabajando en la formación de Su imagen y semejanza. De este modo, nací en la carne. "Yo Soy la Vida".

82. Y nadie nace en la carne excepto quien conoce el Padre y nadie deja la carne excepto quien conoce el Padre.

83. Ni un gorrión cae al suelo excepto por la voluntad del Padre, ni nacen en la carne excepto por la voluntad del Padre.

84. La manifestación del Padre crea en la madre la imagen y semejanza de Sí Mismo. Qué maravilloso es para ustedes comprender, saber esta Verdad, que son la imagen y semejanza de su Padre en el cielo, y en su interior mora Su Amor y Su Poder, Su Paz, Su Gloria.

85. A todos los que están aquí en Espíritu — también les hablo a ustedes. Entre más perciban esta Verdad, le darán expresión a mi pensamiento.

86. Vayamos ante Él con agradecimiento. Las profundidades de la Tierra están en Su mano. Las cimas de las montañas son Suyas; Él creó el mar y Él creó la tierra.

87. Venerémoslo a Él en Su grandeza, inclinándonos ante Él, Que nos creó a Su propia imagen y semejanza.

88. Oh, el mundo podrá escuchar mi voz ahora. "Alaben al Eterno, oh, familias de las naciones, alaben al Eterno por Su gloria y compasión".

89. Entren a Su Casa con una ofrenda de paz y buena voluntad a todos los hombres y Él regirá las naciones con justicia.

90. Dejen que los cielos estén alegres, dejen que la tierra se regocije, dejen que el mar retumbe su alabanza. Dejen que la tierra dé sus frutos en alabanza y los árboles del bosque canten de alegría.

91. El Eterno está presente, porque Él viene con Su hijo a gobernar la tierra, a gobernar el mundo justamente y las Naciones fielmente. El camino se está preparando ahora.

92. El Espíritu del hombre reclama su libertad. Ya no puede ser tiranizado, porque el Reino del Cielo está cerca; el Reino del interno, el Reino de la conciencia superior, la voluntad de Dios en el cielo se hará en la tierra.

93. Lo que se ve entre ustedes no es sino el preludio del Reino del Cielo en la tierra; el Reino del interior se convierte en el Reino del exterior y todo conflicto terminará.

94. El mundo está llorando como un bebé en la noche y sin una palabra, pero ese lamento fue respondido por el Padre Eterno. El mundo no tiene un lenguaje, el mundo no tiene una verdad, el sentido mortal debe morir, la verdad del Dios vivo debe proclamarse.

95. El mundo está llorando sin un lenguaje por su ignorancia, como un niño llora en la noche, pero la

madre escucha el llanto de su bebé y corre a ayudarlo; así ha escuchado el sonido el Padre, el llanto de Sus hijos sobre la tierra.

96. No estoy ciego a sus miserias; Yo las conozco y las comprendo; he pasado por ellas. Ustedes han nacido en la ignorancia por la creencia de separación y división.

97. Piensen ahora ustedes y verán cómo pueden ser libres. Al reconocer aquello que es totalmente falso y erróneo, sabrán lo que es verdadero.

98. He venido para que tengan vida y una vida más abundante.

99. He revelado a Dios según sus necesidades y el Padre está dispuesto a ayudarles según sus necesidades.

100. Manifesté al Padre, el Manantial oculto, abundante y rebosante, la Vida que nunca cesa en toda su plenitud, para que también puedan descansar en la Verdad. Entonces sigan mis pasos porque Yo conozco el camino.

101. En esto no hay ningún misterio. Ningún hombre ha visto nunca a Dios, sino el primogénito de Dios, Que está en el seno del Padre, él Lo ha declarado.

102. Estas palabras desconciertan a aquéllos que no las entienden, pero cuando reconocen que el Mismo Padre dio a luz al Hijo, el Cristo, que es la imagen y semejanza del Mismo Padre, y como el Cristo Lo conoce, así manifiesta al Padre en toda Su gloria y poder, sabiduría y amor.

103. Ésta es la Vida llena de riqueza, gloriosa en ustedes y deben llenar su alma y su cuerpo. Porque Cristo es su Vida.

104. No descendí la Vida de un Dios exterior, porque Yo sé que Yo Soy el Ungido de Dios eterno que vive en cada alma.

105. El significado de mis palabras sólo se puede reconocer desde su interior y no del exterior.

106. Por eso hablo de ese modo, para que en su interior puedan sentir el significado de mis palabras. No pueden explicar lo que les digo porque nunca pueden explicar la Verdad.

107. Algunas personas preguntarán, "¿Qué dijo?" "¿Cómo lo dijo?" ¿Pero pueden decir lo que dije y como lo dije? ¿Pueden explicar la Verdad? Aquello que se puede explicar no es la Verdad, pero cuando me escuchan, podrán sentir la Verdad y sólo se podrá revelar en aquéllos que escucharán. Podrán sentirme y conocerme, porque "Yo Soy la Verdad".

108. No razonen con su intelecto, porque tiene una naturaleza limitada y juzga por el exterior. El Espíritu les revelará todas las cosas a través de la inspiración.

109. Sepan que yo vivo en ustedes y que la humanidad es el Hijo eterno de Dios. La oveja conoce la voz de su Pastor.

110. Y la humanidad dirá un día: "Se terminó", y serán uno porque Yo estaré entre ellos. El Padre se

glorificará a Sí Mismo en Su Hijo y toda la humanidad me conocerá.

111. Piensen en lo que esto significa, que toda la humanidad conocerá el amor, la sabiduría, la compasión, el poder del Cristo.

112. El Padre se glorificará a Sí Mismo, se expresará a Sí Mismo en el Hijo; la voluntad de Dios que se hace en los cielos se hará en la tierra.

113. Padre nuestro que estás en los cielos, santificado sea Tu nombre, venga a nosotros Tu Reino, hágase Tu Voluntad en la tierra así como en el cielo.

114. Ustedes son mis amigos porque todo lo que escucho de mi Padre se los doy a conocer; así yo los elijo para que vayan y den frutos, y que sus frutos puedan permanecer — y cualquier cosa que le pidan a mi Padre en mi nombre Él se las dará.

115. Por lo tanto, yo les ordeno que se amen unos a otros. Porque sólo amándose unos a otros puedo permanecer entre ustedes, y donde Yo estoy también está el Padre, porque encarné al Padre y el Padre está encarnado en mí.

116. Ustedes me volverán a ver y su corazón se regocijará, y su gozo ningún hombre se los quitará; lo que les he dado, quedará con ustedes.

117. No estoy solo, porque el Padre siempre está conmigo y cuando ustedes me hayan visto han visto al Padre. ¿Pueden darse cuenta de esta poderosa Verdad? Cuando me hayan visto han visto al Padre;

El Espíritu del Padre que me Resucitó

el Padre me creó y Él permanece en mí y Yo permanezco en Él.

118. No pude haber existido a excepción de que el Padre estuviera conmigo, es el Padre el que siempre permanece en mí, Él habla por mí.

119. Amado Padre Eterno, he dado a conocer Tu Nombre a aquéllos que Tú me diste fuera de este mundo, ellos eran Tuyos y Tú me los diste y ellos deberán guardar Tu palabra, la palabra del Cristo que mora en su interior; porque ellos La escucharon y ahora Yo debo morar en sus almas.

> Notas del Escritor:
>> Sobre la asamblea se extendió un silencio total, brilló una luz resplandeciente y el rostro del Maestro apareció eclipsando por completo el rostro del Hermano.

120. Ellos saben que cualquier cosa que Tú me hayas dado es de Tu parte.

121. Y todo lo que es mío es Tuyo y lo que es Tuyo es mío y Yo me glorifico por Ti.

122. Como no cambié por la experiencia llamada muerte, porque la Vida no está dividida, no hay división en la Vida y no hay una interrupción en la Vida por la supuesta muerte.

123. La Vida nunca se interrumpe, ni es destruida o interferida. Esto fue lo que les mostré de forma

destacada a mis discípulos, que también les muestro a ustedes.

124. La Vida no muere y el "Yo Soy" no cambia por la experiencia de la supuesta muerte; así, el Espíritu, la Vida en ustedes, permanecerá sin cambio. Porque ustedes siempre han sido y no pueden morir, y como "Yo Soy" así serán también ustedes, porque el Espíritu del Padre que me resucitó de entre los "muertos" mora también en su interior.

"Que mi Paz y mi Amor estén con Ustedes"

Silencio

Notas del Escritor:
Ahora una luz envolvió al Hermano. Esta luz es tan brillante que llena el salón con una irradiación fuera de cualquier explicación.

Plática 7

mis Palabras son del Cielo

Que mi paz y mi amor
estén con ustedes

1. Juntos analizaremos el valor de las Escrituras.

2. "Las Escrituras" es una declaración de la Ley que está en el reino del Cielo así como aquella que está en el reino de la tierra.

3. Las palabras escritas en muchos libros son palabras inspiradas en los profetas de los Israelitas. Estos profetas eran hombres inspirados; habían tenido un estudio profundo de todas las cosas Espirituales.

4. Tenían el poder para empezar a aplicar, a través de la inspiración, el conocimiento de la Fuente Espiritual esperando expresarse.

5. Casi todos estos profetas nacieron con este propósito, y en toda la Biblia leerán cosas peculiares que

les sucedieron a muchos de ellos. Aunque las palabras fueron inspiradas, no obstante, fueron escritas por hombres.

6. La inspiración es un poder que viene del Espíritu y cuando Se expresa a Sí Mismo a través de Su canal, muchas veces Se moldea según la naturaleza particular del instrumento. Hay una forma de inspiración más pura que viene de la Fuente Espiritual, como lo que está sucediendo en este momento, cuando la conciencia del Poder Espiritual, que mora en el plano interno, se manifiesta a través de la conciencia interna del instrumento que se usa. En algunos casos, esto también se usó con los profetas que leen en la Biblia.

7. Decimos que es un libro de inspiración y éste es el secreto de su gran valor en el mundo.

8. El alma siempre está buscando la fuente de su existencia, y este deseo la conduce a la verdad por medio de la inspiración. Ningún llamado que sale de algún alma queda sin respuesta del reino Espiritual.

9. Eternamente están vinculados con el gran Padre Todopoderoso; no hay una separación entre ustedes y el Padre, ni tampoco hay una separación entre ustedes y yo. No hay división en ninguna parte; la división y la separación no son sino un concepto de la ignorancia, nacido en la mente del hombre.

10. En realidad no hay separación; no hay separación entre el Espíritu de Dios, en todos y cada uno de

ustedes, y el Espíritu que está en mí, y ese Espíritu es el Espíritu del Padre hablándoles; sólo el Espíritu tiene voz.

11. Por sí mismos, los libros, palabras, letras, no tienen ningún valor; tienen valor sólo cuando el Espíritu usa las palabras como un medio para conectar el pensamiento con lo invisible, perforando de ese modo el reino de los sentidos.

12. Así, la palabra no es sino la concha externa que oculta la perla de gran valor que encuentran dentro. Cuando llevan una palabra a su propia mente y dicen, por ejemplo, las palabras "Yo Soy", "Yo Soy la Vida", éstas son palabras expresadas a través del sentido mortal, pero estas palabras pueden elevarse al estado Espiritual que es eterno y perpetuo.

13. Así, al leer la Biblia, que ustedes llaman Sagrada, podrán usar las palabras y elevarlas, aunque se vean a través de los ojos mortales, se lean a través de la mente mortal, pero por el poder del Espíritu que es inherente en ustedes, las elevarán a un nivel Espiritual más allá de la comprensión mortal.

14. Las Escrituras han sido escritas a través de inspiración, por la guía del Espíritu, con el propósito de instruir en la Ley de la Vida, y para el uso correcto de esa Ley.

15. Por lo tanto, no vine a destruir la Ley, sino a cumplir la Ley, para hacer más plena la Vida, para mostrarla manifestándose en la carne humana,

para demostrar que el Cristo pudo manifestarse en la carne, la gloria del Padre Infinito que estaba viviendo dentro y expresándose a Sí Mismo a través del Hijo.

16. El Padre, que por Sí Mismo tenía vida, expresó esa misma Vida a través del Hijo; por lo tanto, el Hijo expresa la Vida, la Voluntad del Padre.

17. Mi palabra es rápida y poderosa, pero es más dulce que la miel.

18. La palabra que el Padre me da, es la palabra viva de Su Amor, fuera de la comprensión humana; y Su palabra es un poder vivo, porque Su Amor siempre está presente.

19. Cuando alguno de ustedes pueda sentir el poder del Espíritu, reconocerlo totalmente y hablar por él, entonces, la palabra que hablan tendrá poder. Todo el poder se me ha dado en el cielo y en la tierra.

20. No hay creaciones ocultas a Su Luz, porque todas las cosas están desnudas y abiertas ante Sus ojos.

21. Mis palabras son del cielo, la inspiración del Espíritu de Dios "único", vierten en abundancia la riqueza y la sabiduría de Dios.

22. A través de estas palabras ustedes también pueden inspirarse, porque mis palabras son del cielo, del interior, de la conciencia superior, ese reino que el exterior nunca toca. Pero ese reino puede expresarse aparentemente a través del exterior; entonces, el exterior se convierte en el interior.

23. Estas palabras se están grabando y transcribiendo para ustedes, para que en su momento de silencio puedan absorberlas, meditar en ellas, haciéndolas propias por ello. Al elevarlas fuera del sentido mortal logran poder y comprensión que antes no tenían.

24. La inspiración es posible para todos; aún ahora están siendo inspirados para comprender los misterios ocultos de la vida, a través de mis palabras.

25. Por lo tanto, mis palabras se convierten en un vehículo a través del cual aprenden la verdad grandiosa y oculta dentro de ustedes.

26. El milagro de la palabra hablada es el genio de Dios, que habla el lenguaje del tiempo a través del sentido mortal, pero lo hace eterno y espiritual.

27. Es el Padre el que habla a través de mí. Es el Padre el que habla a través del sentido mortal, a través de la carne mortal, haciendo estas palabras una Realidad eterna y perpetua.

28. Aquéllos que ahora están en los reinos del interior, que ya salieron de la carne mortal, aún viven; también escuchan mis palabras y son inspirados por ellas.

29. Cada uno de ustedes puede entrar ahora a los reinos superiores de conciencia, fuera del sentido mortal, a través del entendimiento.

30. Cuando usé la palabra "pan", le di un significado sagrado y Espiritual, para transmitir la verdad del alimento Espiritual que debe sostenerlos en todo.

31. En todo momento aprendan a traer la luz de la Realidad, y la verdad en la limitación, el caos y la oscuridad y todo esto desaparecerá.

32. Su Poder Creador es la conciencia de Cristo en ustedes, y a través de esta conciencia el Cristo se manifestará por ustedes para renovar todas las cosas.

33. Para comprender mis palabras, deben elevar su conciencia fuera del sentido mortal, dentro de los reinos del Espíritu; entonces comprenderán mis palabras, porque viven fuera del sentido mortal.

34. Sabrán que el Cristo es el único Hijo Eterno de Dios. El Espíritu que les da vida, el Espíritu que vive en ustedes es el Espíritu que habla en mí, porque sólo el Espíritu tiene el poder para hablar.

35. La conciencia de este Cristo es el poder en toda la creación, y entre más conscientes sean de Ello, más Se manifestará en toda su plenitud en su vida.

36. De ese modo, ustedes producen en el exterior por el Espíritu del Padre. No hay otra fuente del poder, no hay otro poder en el Universo.

37. Como les dije, no hay división en ningún lado; Dios no está dividido, ni tampoco Él se dividió a Sí Mismo; pero en Él, por Él y con Él, todo lo que está hecho se hace.

38. Las palabras no son sino símbolos de comunicación; pero cuando el Espíritu del Padre sale al exterior, no hay palabras para explicar esta gran iluminación.

39. Cuando la conciencia externa perciba al Padre, se manifestará en el exterior el reino de Dios. Esto fue lo que llenó mi propia conciencia cuando hablé la "Palabra" y esa Palabra se hizo manifiesta.

40. De ese modo, es lo mismo con ustedes si pueden creer. Por el entendimiento, eleven su conciencia por encima del sentido mortal al estado Espiritual, y ahí reciban el poder del Padre a través de su propia conciencia, revelando el poder supremo que reina eternamente.

41. ¿No he demostrado que el Hijo de Dios tiene todo el poder en el cielo y en la tierra? Este mismo Espíritu que me resucitó de entre los muertos también mora en su interior, y los resucitará como lo hizo conmigo.

42. Ésta será su experiencia, como fue la mía, y por esto he venido a ayudarlos.

43. Las palabras que hablo y los pensamientos de mi corazón en cuanto a ustedes, le agradan al Padre.

44. Que ustedes puedan convertirse en la máxima expresión de mi Padre moviéndose en toda la Vida, irradiando luz, manifestando una paz muy profunda, de esta manera, manifestando inconscientemente la Divinidad.

45. Y este sitio interior es el reconocimiento de una gran humildad, pero esta humildad en su magnificencia es "Yo no puedo hacer nada por mí mismo, es el Padre que siempre permanece en mi interior, Él hace el trabajo".

46. Así ustedes expresan inconscientemente la Divinidad; a donde se muevan, cualquier cosa que digan, cualquier cosa que hagan, estarán expresando la Divinidad, inconscientemente, para que otros reciban ayuda por sus palabras y sus obras.

47. Esta luz no puede ocultarse, porque el Amor y la Sabiduría se transmiten en cada gesto, en cada palabra hablada. Así se convierten en un alma inspirada.

48. El verdadero valor de la palabra de las Escrituras es abrir su entendimiento a los regalos de Dios; y estos les son otorgados según su desarrollo.

49. La palabra "creer" se interpretó mal en las Escrituras. La palabra "creer" expresa un profundo conocimiento y este profundo conocimiento es el que da entendimiento. Y cuando se profundiza el entendimiento, perciben más al Padre que trabajará a través de ustedes. Desarrollen naturalmente los dones que Él les ha otorgado — están esperando ahora que los reconozcan. La inspiración les permite desarrollar sus dones Divinos.

50. Las obras inspiradas de las Escrituras están por encima de todos los libros, y millones han sido inspirados y resucitados por la palabra de la Verdad.

51. Ésta es la Ley de la Transmutación trabajando en ustedes, y, a través de mis palabras hacia ustedes, ustedes transmutan lo inferior en superior.

52. Piensen lo que les sucede durante mis pláticas con ustedes: cada experiencia en su vida se eleva a lo superior y, por ello, se purifica.

53. Cuando les hablo, todo lo que ha sucedido en sus vidas se eleva a ese estado donde se purifica. Toda la escoria se disuelve porque el Espíritu sólo retuvo la esencia. La Fuerza Creadora perfecta —el Espíritu de Dios— crea en Su propia sustancia Eterna donde no hay división.

54. El Espíritu es conciencia y la conciencia actúa en esta sustancia por medio de Su acción inteligente. La conciencia y la Inteligencia de Dios se manifiestan a través de toda la Vida.

55. En esta mente inseparable, e indivisible de Dios, todas las cosas se crean y nada está separado de Él. Por lo tanto, en la verdad, en la Realidad, todo es perfecto.

56. Mientras estas palabras mías los elevan a ese estado de entendimiento, así cada experiencia en su vida se eleva por ese entendimiento.

57. Pongo en sus manos esta llave. Busquen el Espíritu, no las letras, y mientras esperan, Yo les desplegaré la verdad en ustedes.

58. El Cristo es el vencedor en todas las cosas, porque Cristo es el Espíritu de Dios individualizado en ustedes. Busquen el Espíritu detrás de la palabra y se manifestará en su vida.

59. Cuando lean las Escrituras o cualquier libro inspirado, y en especial, estas palabras que les he dado con el propósito de su meditación, busquen el Espíritu detrás de la palabra. No es la letra o la palabra lo que

deben buscar, sino esperen en ello, piensen profundamente y Yo los inspiraré, Yo expresaré la Verdad de ello en ustedes.

60. De este modo, las harán suyas y sólo de este modo se puede manifestar la Verdad en ustedes. Debe venir del interior y no del exterior. Estas palabras elevarán su conciencia a ese reino del Espíritu donde todo se comprendió.

61. Está escrito en las Escrituras que el Espíritu de Dios descendió como una paloma y dijo estas palabras: "Este es mi Hijo amado con quien estoy satisfecho".

62. Muchas veces se ha escuchado la voz directa de lo invisible, y esto no era desconocido entre aquéllos que entendían la Ley en mi época en la tierra. Se acostumbraba aún más que ahora.

63. Muchos de ustedes, yo sé, aún no les es familiar una voz directa del cielo. Sólo en esa quietud de la mente es donde se escucha el silencio, y esto se obtiene efectivamente en los Himalayas de la mente.

64. Este mismo Espíritu, que se manifestó entonces, se manifiesta ahora entre ustedes.

65. Y como este mismo Espíritu, los atenderá si pueden creerlo.

66. ¿Comprenden lo que quiero decir ahora, que el poder de mi pensamiento moviéndose en su conciencia revela la Verdad? En verdad, les digo que el último momento es el más grandioso cuando está

sostenido por la fe, porque en él se ve el glorioso poder del Espíritu.

67. En este último momento fue donde Pedro falló para sostenerse sobre las olas.

68. Esta historia se ha escrito en muchos idiomas y de muchas maneras, los hechos verdaderos son los siguientes:

69. El poder para caminar sobre el agua es inherente en todos, si tuvieran el entendimiento y la fe para realizarlo.

70. Cuando intentan nadar, primero pierden su fe y empiezan a hundirse. Cuando tienen más confianza en sí mismos, pueden sostenerse en la superficie del agua. Requiere de mucha fe y entendimiento caminar sobre el agua, pero esto es posible.

71. Juan fue el primero que advirtió mi forma caminando en las olas.

72. Pedro, el impetuoso, parado entre ellos, exclamó: "Señor, Señor, eres tú en realidad, intento llegar a ti en las olas", y lo animé para que viniera.

73. Cuando Pedro dio el paso sobre las olas, eran sólidas como la roca para él, y caminó. En ese momento, Pedro estaba lleno del Poder del Espíritu. Su deseo era caminar sobre las olas y venir a mí, y hacer exactamente lo que yo estaba haciendo.

74. Pedro, el impetuoso, entonces caminó sobre las olas, pero no tardó en empezar a pensar que nunca había hecho esto antes; era algo nuevo, algo extraño para él.

75. Él caminó hasta que pensó, qué sucedería si las olas se abrieran bajo sus pies — se hundiría.

76. Entonces, las olas se abrieron y empezó a hundirse. El temor lo apabulló.

77. Le dije, "¿Oh, Pedro, por qué dudaste?"

78. Quiero hacer esa misma pregunta. ¿Por qué dudan? Entonces, háganse esta misma pregunta: "¿Por qué dudan cuando ahora entienden que el Espíritu de Dios mora en ustedes y que el Cristo tiene todo el poder en el cielo y en la tierra, y tiene dominio sobre todas las cosas?"

79. Háganse otra vez la pregunta: ¿Por qué dudan? ¿Es falta de entendimiento? ¿O es temor de algo que es desconocido — que a aquello que no comprenden le temen?

80. Den gracias al Padre, Que me ha mostrado que no hay nada desconocido entre Él y yo, porque somos Uno.

81. ¿No es también cierto en sus vidas en la tierra? No comprenden el poder del Espíritu, están cegados por el temor de lo insólito.

82. Los alimentos que se comen para alimentar la carne, mueren rápidamente. Deben buscar el alimento que nutre el alma y éste es el Pan del cielo.

83. Éste es el Cristo; yo soy el Pan del cielo que Dios le ha dado al mundo. Por lo tanto, deben comerme.

84. Aquéllos que coman este Pan del cielo y beban del Manantial de la Vida, vivirán eternamente y serán exaltados al trono del poder.

85. Yo soy el Pan del cielo, el Pan del Padre que me envió. El Padre es Amor y Sabiduría, y nada se me niega. Yo sólo pido y Él me muestra, y lo que veo que hace el Padre, hago igual.

86. Busquen primero el Reino de Dios adentro y el uso correcto de ese Reino, y todo lo demás les será dado por añadidura.

87. La Ley benéfica siempre está operando en su vida, y tienen el poder para ayudar a otros, sólo tráiganla a la luz de su propia conciencia, elevada a la conciencia de Cristo.

88. Cada acto de su vida, cada pensamiento, deben elevarlo a la luz; entonces llegará a su conciencia la percepción de ese Reino interior, donde nada del exterior lo puede tocar.

89. Cuando se unen a ese Reino, no importa qué tormentas estén bramando en el exterior, ustedes están a salvo en el Reino, porque en Él se les da todo el poder.

90. Cuando están en ese estado de paz, en la mente de Dios, entonces hay un Poder Creador que dice: "Que se haga la luz, y la luz se hizo"

91. Este mismo poder está en su interior. Con este conocimiento, digan, "Paz", y la tormenta disminuirá. Díganlo con entendimiento. Díganlo con el poder del Espíritu, con el entendimiento del Cristo, "Yo Soy la Vida". "Mi Amado Padre y Yo somos uno".

92. Serán uno conmigo, sin dudar más; habrán empezado a estar tranquilos como está su Padre en

el cielo. Sean perfectos, como su Padre es perfecto en el cielo.

93. Cuando el mundo descubre los misterios de la Vida, así inspiraré a los hombres y las mujeres a que hagan cosas aún más grandes en sus días.

94. Mientras la raza se desarrolla, así se expresarán más adelantos desde el corazón de la Vida. Hay un continuo desarrollo de la Vida.

95. La raza está avanzando y los reinos internos se están desarrollando más en el exterior. La Verdad se está revelando en todas las Naciones.

96. Hay grupos trabajando aquí y allá, grupos que han avanzado a esa etapa en que pueden entender el reino interno, permitiéndoles, a través de la inspiración, comprender los misterios de la vida que están ocultos en el interior.

97. Las masas actualmente están divididas, pero verán que esta división nace de la ignorancia. Como dije antes, hay otros rebaños. Iré y los traeré, será un rebaño y un pastor.

98. Quiero que abran su mente sin divisiones, con una visión más amplia cada día, porque están por venir cosas más grandes.

99. Lo que aprenderán ahora, les revelará otra vez lo antiguo, porque estoy señalando el camino por el cual se les puede revelar la verdad. Estas instrucciones los están conduciendo al poder del Cristo.

100. Nacer en el Espíritu es saber y reconocer la Verdad de que han nacido del Espíritu, que son

Espíritu y como son Espíritu ahora, de ese modo, siempre serán Espíritu, y es el Espíritu de Dios que ha nacido en ustedes. Éste es el poder interno oculto, "A menos que hayan nacido de lo alto..."

101. En verdad les digo, nadie puede ver el reino de Dios, a menos que haya nacido de lo alto.

102. Porque lo que ha nacido del Espíritu es Espíritu; la Vida inherente es el poder real y único.

103. Entran a sus riquezas más elevadas a través de la comprensión de su unidad conmigo, en el Padre, ya que soy uno con Él desde el principio.

104. Quizás es difícil a través de su sentido mortal entender esto, pero "Yo Soy la Verdad", y si pueden abrir su mente, mi pensamiento telepático elevará su conciencia al reino que nunca tuvo un principio. Y aquello que no tuvo principio debe existir eternamente; entonces el Espíritu de Dios, el Espíritu del Padre existiendo en ustedes, es eterno y perpetuo.

105. Cuando reconocen esta Verdad su visión se expande. Ya no hay ninguna división. Ya no hay ninguna limitación. Estas limitaciones se disuelven y los dejan completos y perfectos en la mente de Dios, mientras Él los sostiene. El Padre los creó a Su propia imagen y semejanza.

106. El Cristo interno es el mismo de ayer, hoy y siempre. Esperen en silencio que puede hablarles, escribir a través de ustedes — mis pensamientos, mis designios, mi propósito expresado a través de ustedes.

107. No se exalten por diferentes doctrinas, dejen que mis palabras persistan en su alma hasta que sientan el entusiasmo de la vida, el brote del eterno Hijo de Dios.

108. Si viven separados unos de otros, no pueden vivir totalmente en el Padre.

109. Deben ver que no hay división, deben ver que no hay separación en ninguna parte — ésta es la Verdad todopoderosa. Ésta es la verdad que me da el poder en el cielo y en la tierra, y les dará a ustedes lo mismo.

110. Yo soy uno Contigo, Padre Amado, saber que yo soy Tu hijo, nacido de Ti — es inherente en mi interior Tu Sabiduría, Tu Amor y Tu Poder. Esta herencia que Tú me diste como Tu amado Hijo con quien Tú estás satisfecho.

111. Estén en paz, todos aquéllos que llevan cargas; escúchenme, mi voz los conducirá, mi fuerza los apoyará y mi amor permanecerá con ustedes siempre.

112. Entonces su luz brillará ante el mundo para que el mundo vea sus buenas obras y glorifique a su Padre en el cielo.

113. No vine a debilitar la Ley de los Profetas porque yo soy la realización de esa Ley y ni una pizca escapará de la Ley, hasta que se haya cumplido toda, porque a través de mí la Ley de Dios se hace manifiesta en el mundo.

114. Quiero que piensen profundamente en esto. Elévenla a la conciencia interior y ahí moren en ella.

115. Dejen que el Espíritu de Cristo en ustedes sea su único guía. Con este propósito he venido para que puedan conocerse ahora.

116. Mi amor por ustedes es muy grande; por lo tanto, dejen que mi amor viva en ustedes. Porque el amor es todo el Poder en el cielo y en la tierra.

117. El Espíritu de Dios es el que mora en mí y habla por mí. Y Yo también hablo por ustedes, y cualquier cosa que pidan recordándome, así se la pediré al Padre, que les dará cualquier cosa que pidan recordándome.

118. Al recordarme, conocen el Amor de Dios, la Sabiduría de Dios y el poder de Dios y saben que esto mora en su interior, no como algo relativo separado de ustedes, sino como una Realidad que es el Verdadero Tú.

119. Recuérdenme y vendré con ustedes y ustedes me conocerán. De ninguna manera le voltearé mi rostro a nadie, sólo estén en paz y recuérdenme.

120. Es imposible que la mente del hombre afecte el Espíritu de ninguna manera; entonces, siempre apóyense en el Espíritu, porque es omnipotente, el Cristo de Dios es su única Realidad.

> "Os dejo mi Paz y mi Amor,
> que estén con Ustedes"

Ahora tomaremos la hora del Santuario.
No cierren sus ojos, vean hacia mí.

Silencio

La paz, el amor, la sabiduría, la sanación de Dios
se expresa en ustedes ahora.

Notas del Escritor:

Cuando se fue el Maestro, un delicioso aroma, desconocido para todos, llenó el salón, mientras se escuchaban la música y los cánticos.

Plática 8

el Reino del Cielo está en el Interior

Les traigo mi paz y mi amor
Que mi paz y mi amor estén con ustedes
El Reino del Cielo está en su interior

1. El Cielo es el Reino de lo más profundo o Espiritual, llamado de otro modo la Conciencia Crística, el tabernáculo del Altísimo.

2. La tierra es el símbolo del exterior, de lo opuesto o lo material, subsistiendo ambos eternamente en el "Único", en perfecta unidad.

3. El Reino del Cielo está en su interior. Esta afirmación se ha proclamado por todo el mundo, pero muy pocos han comprendido el significado profundo de ello.

4. Cuando perciben el significado profundo de esta afirmación mía, entonces se darán cuenta también

del poder que tiene con ello, porque ahí en los reinos interiores mora el Altísimo.

5. Dios, el Todopoderoso, entre ustedes es fuerte, Él no falla. Es más grande que el más grande, Él está fuera de la comprensión, hasta de los Arcángeles, pero Él mora en ustedes y Su morada se llama el Reino del Cielo en su interior.

6. Cuando esto no se entiende o se reconoce, la raza humana crea su propio infierno.

7. Cuando perciben y reconocen esta maravillosa verdad, ya no están separados o solos. Hay una sensación de unidad, hay una sensación de identidad que se mantiene permanente y duradera en la persona que lo reconoce.

8. Este reconocimiento llega a través del entendimiento, algunas veces por medio de la meditación, pero nunca a través de la separación o la división.

9. Nunca podrá ser completamente suya si están separados unos de otros, de cualquier manera que sea, porque cuando buscan profundamente en ustedes mismos, me encontrarán tocando en la puerta de su corazón, esperando entrar, y esto está sucediendo en cada alma.

10. Aquéllos que me han admitido en su corazón deben admitir a todos, por difícil que pueda ser esa persona, por mala que pueda parecer esa persona; todos se admiten dentro del corazón del Cristo y nunca nadie que venga a mí, es arrojado.

11. La libertad llega cuando el Reino del Cielo se reconoce como el estado verdadero de la conciencia del hombre, la verdadera expresión del Padre; el Padre y Yo somos uno.

12. Entonces, si pueden comprender el profundo significado de este dicho, "el Padre y Yo somos uno", y realmente saben que es verdad, mientras lo repiten para sí mismos, la cubierta exterior cambiará; porque cualquier cosa que sepa y comprenda el interior, se manifestará en el exterior.

13. Este poder supremo es el que yo comprendo y siento. Éste es mi reconocimiento y percepción de la Verdad. Es el Padre el que permanece en mi interior y Él está trabajando en mí. Es Él quien realiza mis propias hazañas.

14. El Espíritu del Eterno, el Cristo de Dios, le precede a toda creación — "Yo soy antes de Abraham", reconociendo que "Yo Soy" es la Vida, no sólo en Abraham, sino en cada alma viva.

15. Fue esta clara afirmación la que hice para traer a casa la Verdad al mundo, para mostrar definitivamente que el Ungido de Dios fue en un principio, "Yo soy antes de Abraham".

16. El mundo reconoció a sus profetas que ya estaban muertos; al mismo tiempo no le hicieron caso a la Verdad de la Vida Eterna, pero cuando el Cristo fue resucitado de la Cruz, entonces se cumplieron las palabras.

17. El cielo y la tierra son la operación del "único" Espíritu Eterno expresándose a Sí Mismo en la forma, sin embargo, no hay separación. El cuerpo no es sino el punto focal a través del cual actúa el hombre invisible.

18. El Ungido de Dios, para manifestarse, se introduce en la forma creada y existe en el "único" y el Único existe en todo.

19. Sólo la Vida vive, y ésta es la verdad más importante. La "Verdad" no tiene principio, por lo tanto, no hay nada nuevo; todo lo que va a ser ya lo conoce Dios.

20. El hecho de que estén aquí no es una mera casualidad, el hecho de que estén aquí ya lo conocía Dios. Ni siquiera un gorrión cae al suelo si no lo sabe el Padre, hasta los cabellos de su cabeza están contados.

21. En este reconocimiento hay una inteligencia que está activa en todo lugar, y esta Inteligencia se expresa a través de la Conciencia que La percibe. Entre mayor sea el conocimiento, mayor será la manifestación de La Inteligencia.

22. Esta Inteligencia está activa y nunca es pasiva. Continuamente está representando en el exterior los deseos del Espíritu, porque en su interior mora el Cristo y es el único Poder Creador en ustedes.

23. La raíz de toda su miseria radica en la idea de estar separados de la Verdad o la Vida; por eso dije, "Yo Soy la Vida". "El Padre y Yo somos uno".

24. No pueden ver la Verdad, sin embargo, la Verdad se desarrolla en ustedes desde el Reino del Cielo interno.

25. Ésta es su protección contra los falsos maestros. Dejen que el Espíritu interno sea su guía. Éste es el motivo de que haya venido a revelar el Reino del Cielo que está en su interior.

26. Cuando empiezan a comprender que el Ungido de Dios mora en su interior, no Lo buscarán afuera. Serán guiados y dirigidos por aquéllos que ya Lo encontraron para que entiendan. Y al seguir los pasos que les he puesto, entonces, encontrarán al Cristo, el mismo Cristo que habló a través de Jesús.

27. Cuando hay una unidad perfecta entre todos ustedes, pueden hacer grandes cosas para el mundo y para todos los que viven en él, porque yo estoy ahí.

28. Debe haber silencio en el exterior cuando el Ungido de Dios hable desde el interior. El sentido mortal reacciona a las cosas ajenas al ser. El clamoroso ruido que viene del exterior no debe afectar la conciencia del Cristo interno.

29. Su conciencia se perturba por el malentendido de la Verdad. Pero de inmediato empiezan a saber la Verdad, que el Cristo es supremo, entonces hay una calma interna y el externo también se calma. Les dejo mi paz.

30. Pueden sentir mi paz en su alma. Entonces dejen que hable el Cristo con todo su poder y su

gloria, con la comprensión de que el Padre siempre permanece en mí y en ustedes. Es Él Quien les habla a través de mí.

31. Las grandes obras de sanación sólo se pueden hacer cuando los sentidos mortales han dejado de actuar y la conciencia se dirigió hacia el Reino del Cielo interno.

32. Ésta es el agua que les doy, para que nunca más tengan sed, porque se convertirá en un manantial de agua de vida, brotando de la Vida Eterna.

33. Hablo de lo que he visto con mi Padre y, como Dios es mi Padre y su Padre también, así deben amarse unos a otros como Yo los amo.

34. Cuando dirigen sus pensamientos y sus corazones hacia el interior, su alma empieza a sentir el calor del Ungido de Dios, el único Hijo encarnado de Dios que es y fue con Dios desde el principio. Nada existió excepto por Él y a través de Él se hace todo lo que es.

35. Cuando vean la belleza del amor del Padre, expresándose a Sí Misma a través del Hijo, entonces sabrán que el Hijo es el Amor de Dios.

36. El Hijo sabe y entiende que este amor se está vertiendo continuamente a través de él y, como el Hijo lo recibe, se expresa naturalmente. Por eso deben amarse unos a otros como Yo los amo.

37. No pueden hacer nada más grandioso sino amarse unos a otros y mantenerse en mis palabras,

porque hablo la verdad que el Padre me da, y esta verdad los liberará.

38. El pecado es la gran falsedad conectada con su ser externo de los sentidos; corresponde a la separación y al caos.

39. Les he dicho que no se fijen demasiado en el pecado del mundo que tantos están predicando. ¿Cómo pueden ver el Cristo si siempre están mirando el pecado?

40. Cuando ven al Cristo en ustedes mismos, esta separación, este caos, este pecado que existe en su mente y en su corazón se disolverá.

41. No hagan caso entonces a los que pretenden arrastrarlos a través del infierno, pero escuchen a aquéllos que los elevan en la gloria del Cristo que mora en su interior. El Reino del Cielo es Su morada y Su Reino está en su interior ahora.

42. Muchos que han salido de la carne saben bien que la carne y la sangre no entran a los reinos superiores, pero ahora saben que son los mismos que vivieron en la carne.

43. Cristo mora en ustedes, y cuando se desarrolle en su entendimiento superior, el Cristo se manifestará en Su gloria según su entendimiento.

44. Cuando conscientemente se conozcan a sí mismos como se les conoce, dirán en su corazón: "Está terminado". Pero la separación y el caos han osado establecer su reino de oscuridad entre ustedes.

45. Yo soy la Luz del Mundo; esta luz interior prevaleciente se vuelve visible cuando se desarrolla su visión interior del Reino del Cielo.

46. El interno se vuelve el externo y el externo se vuelve el interno, y el exterior se expresará como sientan en su corazón.

47. La palabra que vive en su corazón es la que se manifiesta. Entonces, busquen primero el Reino del Cielo y todo lo demás se les dará por añadidura. Busquen primero este Poder supremo de la conciencia de Dios para que se convierta en su conciencia. Siendo Dios Infinito, sólo puede haber "una" conciencia, la Conciencia de Dios manifestándose como el Cristo en ustedes.

48. Aprendan a percibir al Padre que siempre permanece en ustedes, y que con el Padre no hay nada imposible y cualquier cosa que digan se hará.

49. Esta es la Luz que existió en el principio antes de que el mundo fuera, porque Yo estaba con Dios cuando Él dijo: "Que se haga la Luz" y la Luz se hizo, y ésta es la Luz que ilumina cada alma que viene al mundo.

50. Todo lo que existe debe ser una expresión del interno, porque todo lo que está hecho sólo existe por el Cristo que existió desde el principio.

51. En Dios sólo subsiste el "único" Ser, todas las cosas deben suceder porque no hay nada fuera de Él, siendo Infinito por Naturaleza.

52. Entonces, si saben que la Vida es Dios y Dios es Vida, y se dan cuenta que esta Vida Vive en ustedes, entonces conocerán al Ungido de Dios.

53. Oh, Padre Supremo Maravilloso, es un placer y un gozo existir en Ti y saber que sólo Tú existes en todos nosotros.

54. Qué maravilloso es el gozo en mi corazón al saber que Tú me diste a todos aquéllos que Te pertenecen, y cuando ellos me conozcan Te los traeré y seguiré estando entre ellos, porque Tú que hablaste a través de mí, también hablarás a través de ellos, porque nadie existe fuera de Ti.

55. De este modo, la Creación del interior y el exterior, los principios activo y pasivo mencionados, como el Cielo y la Tierra, están dentro de Él, el "Único".

56. Por lo tanto, el único Poder Creador debe haber venido del Reino del Cielo, el interno, la Presencia activa viva expresándose a Sí Misma en el exterior.

57. Cuando entren en el Reino de su propia conciencia se darán cuenta dónde mora el Cristo y conocerán el Poder Creador del Cristo.

58. Al saber que Dios es Amor, Su hijo también debe ser Amor. Por lo tanto, ustedes manifiestan la perfección del Padre por la comprensión de Su Amor Divino, el cual siempre es una protección para ustedes u otros.

59. Si me conocen y hacen caso de mi palabra pueden crear en el exterior aquello que es perfecto en

su interior. Sean perfectos, igual que su Padre es perfecto en el cielo.

60. Qué real es para mí este reino interior en la conciencia, no lo entenderán por completo hasta que entren al interior.

61. Ustedes me han visto ocupando al hermano, algunos han visto el poder irradiando del corazón, otros han visto muchas otras cosas maravillosas, pero aún estas cosas no son nada comparadas con la Presencia Divina que vive en su interior.

62. Qué real es para mí este reino interior en la conciencia, así será para ustedes, porque donde Yo estoy, también ahí estarán ustedes.

63. Este ser interno — el Cristo — es más grande de lo que puedan imaginarse, porque todas las cosas están bajo su control.

64. La Vida del Cristo en ustedes siempre se está re-creando en su interior, renovando las cosas, uniendo el alma con el todo.

65. Cuando empiezan a sentir esta unidad, empiezan a sentir el amor y el poder de Dios. Hay una expansión que se manifiesta en todo, sin importar quiénes puedan ser. En esto radica el poder de Cristo.

66. El Padre sólo Se puede expresar en Su Integridad, en Su totalidad, entonces su Cristo interno es la expresión del Padre.

67. Todo lo que leen en el Nuevo Testamento también tiene un significado simbólico.

68. Cuando tiré y arrojé del Templo a los cambistas, también volqué las bandejas de dinero, el símbolo del exterior.

69. Les ordené que no convirtieran la Casa de mi Padre en una casa de rateros y ladrones.

70. Esto es símbolo de arrojar del Templo del Dios Vivo a los rateros y ladrones de los sentidos mortales. Porque yo debo poseer el Templo de Dios por completo. Éste es el derecho de mi posesión.

71. Son los rateros y ladrones de los sentidos mortales los que les privan del poder que existe en su interior. Una creencia en el externo, una creencia en el poder de algo que no tiene poder por sí mismo es la causa de su debilidad.

72. Ustedes no crearon al Cristo, sino que el Cristo se crea en ustedes. Ustedes sólo crean en el exterior por el poder interior. Yo les digo, cuando me hayan visto han visto al Padre, Yo estoy en su interior.

73. Yo tengo el derecho para ocupar el templo del Dios Vivo, total y únicamente. No puede haber un compromiso.

74. Aquél que se vuelva hacia mí por completo, desde su ser más íntimo le fluirán torrentes de Agua de Vida.

75. Cuando se dirigen hacia mí por completo y me entregan su ser íntegro, entonces, desde su ser más profundo crecerá mi Vida, mi poder, mi sabiduría, mi Amor. Se sorprenderán de las cosas que pueden hacer

y nada será imposible para ustedes si pueden creer en mí y entenderme.

76. ¿Qué tanto creen? ¡Aún ahora se están preguntando si lo que les dije es realmente cierto!

77. Si no creen completa y totalmente en mí como el Cristo, el único Hijo vivo de Dios, el único hijo encarnado de Dios, el único poder existente en el mundo, no tendrán un poder verdadero.

78. A aquél que tiene se le dará, pero al que no tiene, aún lo que tiene se le quitará. Hagan caso de mis palabras, porque son como una espada de dos filos.

79. Por lo tanto, no es para ustedes imitar los caminos del mundo exterior, sino ser transformados por el Cristo interno, para que puedan discernir lo que es bueno y aceptable en el Padre y rechazar aquello que es falso.

80. Cualquier cosa que los separe unos a otros es una falsedad; la separación niega al Cristo en ustedes.

81. El Cristo es el único poder creador en todos y cada uno. Es la Voluntad del Padre, y Su Voluntad se hará en la tierra y en todo lo que está en el cielo.

82. No todos los órganos del cuerpo tienen la misma función, sin embargo, son de un sólo cuerpo.

83. Así es con ustedes: son muchos y trabajan de diferente manera. Pero todos son de un cuerpo; el cuerpo del Cristo los sostiene a todos y Su Espíritu está en todos. Por favor, piensen profundamente en mí.

84. Todos tienen dones diferentes según la gracia que se les da. Algunos pueden tener una visión clara, otros pueden tener más fe; algunos pueden tener el don de la enseñanza y otros de sanación; algunos el don del consuelo. Sin embargo es el Cristo único el que se manifiesta en todos ustedes y viven en el único cuerpo del Cristo.

85. Cualquier cosa que hagan, háganla con sinceridad. Sean amables y afectuosos unos con otros y muestren su misericordia con alegría, porque la misericordia es una recompensa de la grandeza.

86. Demuestra la Conciencia del Cristo interno. Muestra que el exterior está siendo influenciado por el Cristo de vida que mora en el reino interno del cielo.

87. Porque no importa quiénes sean, quienquiera que venga a mí de ninguna manera lo echaré. Escuchen entonces lo que tengo que decirles; lo que yo haga deben hacerlo igual, de otro modo no son mis discípulos.

88. En los negocios no sean perezosos o engañosos, sino sirvan con honor; así me servirán a mí, y entonces no serán prudentes por sus propios conceptos.

89. Y vivan en paz con todos aquéllos a quien le sirven y con los que les sirven.

90. Porque está escrito en el Reino del Cielo, Él que es el mayor sirviente de todos. ¿Y quien es el más grande? Es el Padre que siempre permanece en su interno. Es Aquél que es el sirviente de todos y

cualquier cosa que pidan en mi nombre así el Padre se las dará.

91. Por lo tanto, si su enemigo tiene hambre, denle de comer; si tiene sed, denle de beber; porque cualquier cosa que le hagan a cualquiera, me lo harán a mí.

92. Venzan todo el mal con el bien, porque cualquier cosa que hagan desde su corazón, se hará en ustedes.

93. ¿Sienten orgullo cuando desprecian? ¿Son amables con unos y crueles con otros? ¿Alimentarían al alma que es antagónica a ustedes con tanta alegría como a uno de su propia familia? Cualquier cosa que le hagan a cualquiera me la harán a mí. Por lo tanto, sigan mis pasos y todo el poder se les dará en el cielo y en la tierra.

94. Cualquier cosa que el Padre me vea hacer, así Él bendecirá cien veces; yo soy verdaderamente rico porque mi Padre es rico.

95. Todo le pertenece a mi Padre, todos son Sus hijos; Él ama a todos, a todas las personas, por desobedientes que puedan ser.

96. Mi reino es supremo. Todo lo que se oriente a la destrucción del Templo de nuestro Padre estará bajo mis pies.

97. Y cuando todas las cosas se hayan sometido a mí, yo también me someteré al Padre que me envió, porque Él puso todas las cosas en su sitio correcto, para que todas puedan ser "una" en el Padre.

98. El Cristo es la semilla en el cuerpo natural y es ascendido en un cuerpo espiritual. El cuerpo no es sino el punto focal a través del cual trabaja el Cristo.

99. Hay un cuerpo natural y un cuerpo espiritual, pero el Cristo gobierna ambos.

100. Adán fue hecho un alma viva por la aceleración del Espíritu.

101. El hombre del exterior es de la tierra, el interno es el Señor del Cielo y el Señor del Cielo tiene control sobre todas las cosas, porque se le ha dado todo el poder; él es el Señor y la Ley.

102. La Ley no está por encima del Señor, sino que el Señor está por encima de la Ley. "Yo Soy" la Ley, dijo el Señor.

103. Cuando reconozcan esto, entonces verán con sus propios ojos la viva expresión del Todopoderoso, porque Él solo, a través del Cristo, los creó a Su propia imagen y semejanza.

104. Y dentro de todas y cada una de las almas mora el Cristo, el único Hijo; por lo tanto, viven en el cuerpo del Cristo y el Espíritu de Cristo vive en todos y cada uno de ustedes.

105. Como nacen a imagen y semejanza de su Padre en el Cielo, así es esa imagen que se refleja en el exterior a través del Cristo interno.

106. Lo exterior es la carne y la sangre, pero la carne y la sangre no entran al Reino del Cielo, porque éste es el reino del Espíritu y del agua, en donde la carne no tiene opinión.

107. El agua simboliza la sustancia invisible, la Mente de Dios en la que existe todo. Con esta sustancia más fina todo se creó, hasta la carne y los huesos. La forma puede desaparecer, pero el Espíritu permanece para siempre.

108. Pero como el alma es elevada por el poder del Espíritu y se eleva fuera de las vibraciones de la carne, Se va a los reinos internos, para habitar ahí conmigo, porque "Yo Soy" en el exterior mientras soy en el interior, pero yo no soy afectado por la carne y la sangre. He vencido al mundo por el poder del Espíritu y la carne no tiene ni voz ni voto en la materia.

109. Lo exterior es la carne y la sangre, pero la carne y la sangre no entran al Reino del Cielo. La carne y la sangre son los medios por los que el Cristo se manifiesta en la tierra.

110. Aquello que es falso en el exterior debe morir, porque del corazón amoroso viene la sanación del perdón.

111. Este Amor supremo borra todo el pecado y la separación, porque en su interior mora él, que ha vencido el pecado y la muerte a través de la Conciencia del Cristo de Dios.

112. Como son hijos e hijas de Dios, Él envió el Espíritu del Cristo dentro de su corazón gritando "Abba Avon" —Oh Padre, nuestro Padre— así ya no son sirvientes, sino hijos e hijas, todos son herederos de todo lo que es de Dios a través del Cristo, el único Hijo encarnado de Dios que mora en su interior.

113. Sí, cuántos miles me están escuchando en este momento, viviendo en un estado donde el tiempo y el espacio no entran. Pero aquí en el exterior, donde estoy hablando a todos aquéllos que son sus hermanos y sus hermanas, pero que siguen en la carne, conocen el tiempo y el espacio. El tiempo y el espacio es la dificultad que tienen que vencer sobre la tierra. La dificultad que todos tienen que vencer es la sensación del tiempo y el espacio.

114. Ustedes aún observan distancias, días y meses. Ésta es la ilusión del tiempo y el espacio.

115. Véanse a ustedes mismos en el Reino del Cielo; el mismo Espíritu en su interior es el mismo que creó el mundo.

116. Cuando entiendan esto, verán más allá del mundo del tiempo y el espacio.

117. Dije que yo no soy del exterior, sino que nací del Espíritu de Dios el Padre. No llamen padre a ningún hombre en la tierra, porque uno es su Padre que está en el cielo.

118. Yo sabía de este estado del ser, grandioso e interno y que el exterior no era sino la sombra. Por lo tanto, vencí la tentación de los sentidos a través de los que el tiempo y el espacio se hicieron para separar.

119. Si vencen esta sensación del tiempo y el espacio, también entrarán en esta comprensión donde todo es el AHORA, donde no hay separación, no hay distancia, no hay tiempo.

120. El Espíritu original del Padre, que existe en la simple unidad con todo el poder, creó los principios activo y pasivo mencionados como Cielo y Tierra.

121. Así, el trabajo realizado en el interno o cielo se reproduce en el externo o tierra. Busquen primero el Reino de Dios y crearán en el externo aquello que es adecuado para Él que los creó dentro de Sí — Su Espíritu, el Poder regente en el cielo y en la tierra.

122. Los caminos de Dios, el Padre, son perfectos y el alma que está Consciente del Cristo Vivo es elevado en la simple unidad del Padre Que es Eterno y Perpetuo.

123. ¡La simple unidad! Qué magníficamente amorosa y perfecta es, qué simple es la Verdad, qué difícil es entender para aquéllos que moran en el tiempo y el espacio.

124. Cuando el Cristo fue resucitado de la Cruz el trabajo de redención se cumplió, toda la raza fue elevada a la unidad con el Padre.

125. El Cristo es el Hijo de Dios; este Cristo es el Espíritu que anima a toda la humanidad y es el Espíritu que los anima, la máxima creación de Dios en la tierra, hecha en semejanza de Dios.

126. El Espíritu cargó en sí mismo la responsabilidad del cuerpo de carne. El Espíritu cargó en sí mismo la responsabilidad del Satán de los sentidos mientras moraba totalmente en ese estado perpetuo del Poder Eterno.

127. Entrar en el cuerpo de la carne es sentir la sensación de separación, sin embargo, el Espíritu de Cristo conocía los sentidos de la carne mortal por lo que eran y dijo, "Quédate atrás de mí, Satán".

128. El Satán de los sentidos no los deja ver el poder de Cristo que tienen aquí y ahora.

129. Sepan que cuando el Cristo fue resucitado de la Cruz, así fue resucitada toda la raza humana. La aceptación de esta Verdad y el entendimiento de ello los liberará ahora.

130. Esto es lo que he venido a mostrarles, a decirles que ahora son libres, si pueden creer en mí y en Él Que me envió.

131. El Amor está insistiendo a través del ambiente circundante, a su alrededor; este Amor está pidiendo su obediencia, que se traten unos a otros con el mismo Espíritu que me ven hacer.

132. El Amor mora en cada alma viva. Amen mucho y yo haré mi trabajo a través de ustedes.

133. Cómo anhelo expresar este sentimiento de amor en ustedes — el Amor de Dios hecho manifiesto.

134. El sentimiento de Amor que sale desde el mismo centro de su alma no es sino un grano de arena en la costa del amor. Pero para comprender el Amor de Dios, deben empezar a amar más y cuando amen más, haré mi trabajo en ustedes y a través de ustedes, porque Yo soy Amor, el Hijo del Padre de Amor.

135. Yo amo todo en el mundo. Yo estoy con ustedes en el mundo, trabajando para traer el Reino del Cielo a la tierra; porque para esto fui enviado.

136. Síganme, porque en realidad son la Luz del Mundo. Entonces, dejen que su luz brille para que todos puedan ver sus buenas obras y glorifiquen a su Padre que está en el Cielo.

137. El Reino del Cielo está en su interior. Ahora entremos al Santuario del Poder Sanador Silencioso.

**"Que mi Paz, mi Amor y el Amor
de Nuestro Padre estén con Ustedes"**

Notas del Escritor:
>Reina un profundo silencio y muchos son sanados por la gloriosa presencia.

Plática 9

Aquél que me ha Visto, ha Visto al Padre

Que mis bendiciones y mi paz
estén con todos ustedes
Aquél que crea en mí,
no cree en mí sino en Él que me envió
Aquél que me contempla,
lo contempla a Él que me envió

1. Estas palabras son importantes y son ciertas, pero sólo aquéllos que han ido más allá de la separación pueden entenderlas.

2. Aquél que me ha visto ha visto al Padre. Muy pocas personas han entendido esta maravillosa expresión de Verdad. Cuando se ha comprendido esta expresión de la Verdad, revela al Padre y coloca a esa alma fuera de la oscuridad exterior que rodea a la persona.

3. Lo más importante de todo es reconocer que sólo Dios vive y Él está expresándose a Sí Mismo ahora. Es el Padre el que siempre permanece en mi interior; es Él quien habla, es Él quien está realizando Sus propias hazañas; ustedes también deben darse cuenta de eso.

4. Como lo he reconocido a Él totalmente y no he permitido que nada interfiera con esta realización, vivo por Él y a través de Él; Él habla por mí mientras yo Lo manifiesto en ustedes.

5. Están empezando a entender porque me han escuchado repetir esta Verdad muchas veces. Sólo por repetición, la Verdad echará raíces en su mente y crecerá a la madurez.

6. Por repetición puedo darles la Verdad que no pueden ver con sus ojos, porque sólo a través de la visión interna Se revela.

7. Aquello que está oculto del exterior no se ve con los ojos físicos, sino que sólo se comprende a través de la visión interna que ve la Verdad a través de la Inspiración.

8. Cuando el alma se eleva, la Verdad, la conciencia de Dios se revela a Sí Misma como el Espíritu que vive en ustedes.

9. El Espíritu que anima al cuerpo es el único poder viviente que hay; no hay otro poder en el cielo o en la tierra. Con este reconocimiento dije que todo el poder se me había dado en el cielo y en la tierra.

Aquél que me ha Visto, ha Visto al Padre

10. Cuando su conciencia percibe la unidad eterna del todo en el que existimos, pueden comprender el poder supremo de este dicho mío. Aquél que me ha visto ha visto al Padre. ¿Pueden comprender esto ahora? ¿Es posible que ahora perciban el significado de ello por completo?

11. Como no hay otro ser vivo sino Dios, Dios debe llenar el espacio ilimitado para ser Infinito; entonces, Él debe vivir en mí y Yo debo vivir en Él y Él debe vivir en ustedes y ustedes deben vivir en mí y todos juntos somos uno en Él que es Infinito.

12. Sin estas condiciones Dios no puede tener una naturaleza Infinita. No hay separación en ninguna parte y ésta es la Verdad que les digo ahora: *Aquél que me ha visto ha visto al Padre.*

13. Están ahora en el Padre y el Padre está en ustedes y pueden entrar a esta Verdad conscientemente como Yo lo hice y esto he venido a decirles, en verdad les digo, "El Padre y Yo somos uno".

14. Estas palabras que les estoy dando a través del hermano se están escribiendo para que las puedan estudiar con cuidado. Se dan de tal modo que revelen el interior; todas las repeticiones son necesarias para su entendimiento.

15. A través de su reflexión profunda, en ellas podrán darse cuenta del significado interno y, de ese modo, traer al exterior la Verdad, que es el poder central en ustedes, de modo que en el exterior, cada célula de su cuerpo pueda proclamar la Verdad.

16. En todo el mundo, hombres y mujeres han hecho este descubrimiento por sí solos y en lo sucesivo todo está bien; han dejado de apresurarse, porque el viaje se ha terminado.

17. Cuando reconocen que están en la casa del Padre y que en esa casa hay suficiente para todos, se sientan en la mesa del Padre y participan en su fiesta.

18. Por lo tanto, éste es el secreto del verdadero entendimiento, cuando la conciencia se da cuenta de sí misma, percibe que es el Espíritu de Dios quien creó todas las cosas y ahora se manifiesta como era en un principio, y será eternamente lo mismo.

19. Ahora que también han descubierto esto, ya no son extraños en la casa del Padre, porque yo soy "uno" con ustedes en la casa del Padre y yo declararé por ustedes.

20. Yo soy "uno" con ustedes; no saben que el Cristo de Dios es el único Hijo encarnado del Padre, el único Espíritu vivo de Dios en el cielo y en la tierra, que tiene conciencia, inteligencia, sabiduría y amor; todas las cualidades del Padre se expresan a través del Hijo. Como el Padre tiene vida en Sí Mismo, Él le otorgó al Hijo que tuviera la misma vida en sí mismo.

21. YO SOY el Espíritu que mora en su alma. ¿No saben que yo estoy con ustedes? El reconocimiento de esto les permite llegar a mí de inmediato. No oren a alguien que está lejos, porque yo estoy más cerca que sus manos o sus pies.

22. También dije, cualquier cosa que pidan en mi nombre mi Padre se las otorgará. Sepan que yo estoy con ustedes, no separado de ustedes; y en sus oraciones crean lo que digo y encontrarán, lo que pidan recibirán, creyendo que lo tienen.

23. Ya no dirán, Mirad está aquí o mirad está allá, porque saben que el Reino de Dios está en su interior.

24. Están justo donde siempre han estado en su casa eterna, sólo que no estaban conscientes de ello y no están separados de aquéllos que aman.

25. No hay separación en lo Espiritual — lo real, no hay despedida que sientan en el estado mortal. En lo Espiritual hay una unidad mayor, manifestando más la Realidad.

26. En su estado mortal mora la ignorancia, y la ignorancia provoca temor para dominar al alma. La Luz que ilumina al mundo debe brillar en la conciencia mortal; la Luz mora eternamente en la conciencia que Sabe que Es.

27. El Padre está en el Hijo, porque la Vida en el Padre y en el Hijo es la misma Vida.

28. Cuando vengo entre ustedes siento su sensación de separación, pero he venido a decirles que en verdad no hay separación, que no hay verdad en la distancia y el espacio.

29. Comprender esto, es el secreto de todo el poder otorgado al Espíritu que se manifiesta en todos y cada uno.

Notas del Escritor:

Hablándole a los invisibles.

30. Muchos de los que han venido aquí a escuchar al Cristo conocen a estos discípulos míos que se han reunido aquí en la tierra; ellos también saben que muchos de ustedes han vivido en la tierra; ahora saben que es la misma Vida; no están muertos como muchos creyeron.

31. En una época vivieron con el temor mortal de la muerte, sin embargo, no murieron. Ahora están mucho más vivos de lo que estuvieron alguna vez y seguirán estando más vivos, ya que conscientemente despertaron al Poder de la Vida del Cristo que moró dentro de todos y cada uno de ustedes.

32. Como les dije antes, mi voz no sólo se escucha en este plano, sino que también se escucha en todos los planos de la conciencia. Sin embargo, es la Conciencia única manifestándose en todos — todos enlazados juntos en el todo, porque el Espíritu del Padre se manifiesta en todos los planos.

33. Verán que aquéllos que están a mi alrededor ahora son igualmente importantes, aunque no han experimentado el paso llamado muerte; pero al creer en mí y en Él que me envió, ya han pasado de la muerte a la Vida Externa.

34. Entendiendo esto claramente ya no sostendrán la idea falsa de la limitación. Mirad, yo soy aquél que

vive, que ha pasado por la muerte y mirad, estoy vivo para siempre jamás.

35. Aquéllos que creen en la carne ya están muertos, pero aquéllos que en verdad creen que el Espíritu de Dios mora en su interior están en la Vida Eterna y la Paz. Este es el Cristo que dice que cuando me han visto han visto al Padre.

36. Y otra vez les digo, el Espíritu del Padre que me resucitó de la muerte también mora en su interior; y así como Él me resucitó, Él los resucitará.

37. No están endeudados con la carne, sino que viven por el Espíritu de Dios; por lo tanto, ustedes son los hijos e hijas de Dios.

38. La conciencia de la raza humana está siendo despertada y por todos lados la Verdad está brotando, igual que la savia en el árbol, envía vida a cada vara y rama.

39. Esta savia de la Verdad, que se está impregnando en toda la humanidad, es la Verdad de la Vida Crística existiendo en cada alma viva, manifestando que no hay separación.

40. El Manantial único de Amor y de Vida es responsable de cada ser vivo que existe en el Universo y toda la existencia le debe su Ser a esta fuente.

41. Las antiguas cadenas están rompiéndose, los credos obsoletos están desapareciendo; igual que las ramas sin savia o Vida no pueden permanecer vivos.

42. Toda la raza está siendo elevada a un plano superior de pensamiento; yo estoy entre ustedes llenando el vacío creado por palabras y dogmas inútiles, para que ya no se apeguen a aquello que es falso.

43. Ya no escuchen a aquéllos que predican a Dios a lo lejos, escuchen al Espíritu que está en su interior; ahí mora la Verdad.

44. Si están limitados por las creencias de otros entonces *están* atados. He venido a soltar sus ataduras, para liberarlos. Los libero al darles la Verdad del único Dios Vivo, la Verdad del Dios Vivo que está en ustedes. Sólo Él vive. Yo vivo porque Él vive, como el Padre tiene Vida en Sí Mismo así Él le otorga al hijo la misma Vida en sí mismo.

45. El conocimiento de su unidad con Dios, percibirlo conscientemente, es toda su salvación. Ésta es la puerta abierta a la libertad.

46. En el pasado sus mentes fueron abarrotadas de pensamientos falsos del exterior y de ese modo le cerraron la puerta al interno Divino, la única Realidad.

47. Cuando creen lo que otros les dijeron, sin razón, y aceptaron sus creencias, se convirtieron en un imitador y no en un pensador, así están atados.

48. Ya no tienen ningún poder para pensar por sí solos cuando veneran una imagen y aquello que veneran destruye su pensamiento, porque están perdidos en la ignorancia y ya no pueden ver la Verdad del "único" Dios vivo que mora en su interior.

49. Su sensación de separación de mí, de unos y otros, y de Dios ha sido su gran enemigo, aunque no lo sepan.

50. Muchos les han hecho creer que están fuera de la Casa de Dios y que por lo tanto tienen que hacer algo para entrar a ella. Pero yo les digo que ya están en la Casa de Dios y deben despertar a esta Verdad.

51. Ustedes son los únicos que pueden abrir la puerta a través de la comprensión. Y cuando el Cristo se desarrolle en ustedes, se darán cuenta que están en la Casa del Padre y que pueden festejar en Su abundante mesa llena de todas las cosas buenas.

52. Ésta es la gloria de la Verdad del único Eterno Todopoderoso en Quien vivimos, nos movemos y tenemos nuestro Ser, y esta Verdad debe liberarlos.

53. Yo soy el Amor y la Sabiduría de Dios, por lo tanto, escúchenme en sus corazones, porque ahí moro.

54. Dejen que su corazón y mi corazón latan como uno solo; y después, todo el exterior, incluyendo su cuerpo de carne, se encenderá con la Luz de la Vida, porque el Señor y Rey ha hablado, y cada célula de su cuerpo despertará a la verdad de la Presencia Viva que está en su interior y cualquier cosa que hagan prosperará.

55. Mi corazón y su corazón laten como uno solo. No pasen por alto esto con ligereza, sientan profundamente en su corazón lo que significa.

56. Recuerden, el Cristo es su vida, y cada enemigo es sometido, incluyendo la muerte. Morir en Cristo es vivir eternamente.

57. Si ustedes, mientras están en el sentido mortal, pudieran sólo elevar sus ojos y ver lo que está a su alrededor, ya no podrían dudar en lo que les he dicho. Sus propios seres queridos están aquí ahora con ustedes.

58. Están gozosos al darse cuenta de que ustedes están recibiendo la Verdad, que muchos de ellos no recibieron mientras estaban en la tierra, entrando por eso en el reino interno ignorando la Vida eterna.

59. Qué maravillosa compensación tendrán cuando entren al reino interno, percibiendo conscientemente que no hay muerte, que no hay una interrupción en la vida individual por la venida de la muerte. La muerte no es sino un cambio que tiene lugar donde el Espíritu se introdujo en el cuerpo terrenal y sigue adelante en el cuerpo Espiritual. Es el Cristo que vive ahora en su estado terrenal, es el Cristo que vive eternamente.

60. Por lo tanto, sean firmes, fuertes, inamovibles, para que crezcan día tras día; aunque no vean resultados inmediatos, el crecimiento estable tiene lugar, aún en la oscuridad.

61. Muchos se están diciendo a sí mismos, "Yo no estoy creciendo nada, no parece que haya avanzado ni una pizca". Ustedes no pueden juzgar en cuanto

a su crecimiento — una flor no sabe que crece, pero crece.

62. Algunos dirán, "Por qué habré crecido mucho más que otros". Déjenme decirles esto; el engrandecimiento de uno mismo no tiene valor, porque los niños conforman el Reino del Cielo.

63. Las flores florecen, su aroma llena el aire y todos miran su belleza, sin embargo, no están conscientes de ello. Ese es el estado que ustedes deben cultivar también.

64. Porque las semillas que planten en el Cielo crecerán rápidamente — su Padre las cuida.

65. Igual que la semilla de mostaza, que de todas es la más pequeña, pero cuando se siembra en tierra fértil se convierte en un árbol tan grande que los pájaros silvestres pueden venir y dormir en sus ramas, esto es como el Reino del Cielo interno. Todos aquéllos que necesitan descanso vendrán a mí. Podrán descansar en mí porque saben la Verdad sobre mí.

66. Cuando esta semilla de la Verdad se planta, crece rápidamente, pero crece instintivamente en la persona que sólo está consciente de la Divinidad, donde lo más grande y lo más pequeño son *uno*.

67. Sepan que lo más exaltado y lo más humilde son la expresión del único Espíritu Divino. Entonces, el más humilde se vuelve el más grande y el más grande se vuelve modesto.

68. Ésta es mi paz, éste es mi amor, éste es el poder del Cristo que mora en cada alma. Que así sea con ustedes.

69. Cuando se siembra una semilla en la oscuridad de la tierra, crece por el poder interior, la semilla reproduce igual a sí misma y por ello se multiplica cien veces.

70. Así es con todos ustedes. La semilla del Cristo se siembra en la oscuridad del mundo; esta semilla es la luz del mundo y la oscuridad no la dominó.

71. La oscuridad de la tierra no domina a la semilla que está plantada en su seno; ni tampoco la oscuridad del mundo vence a la semilla del Cristo que está plantada en ustedes.

72. Cuando se dan cuenta que son uno con el Cristo, el único Hijo encarnado de Dios el Padre, les digo que ésta es la semilla que crece, instintivamente, revelándole Su Naturaleza Divina a todos.

73. Hay paz y amor en el corazón. Así es en todos ustedes; la semilla del Cristo está sembrada en la oscuridad del mundo y esta semilla es la luz del mundo.

74. La oscuridad en el mundo es la maldad amistosa, como la oscuridad de la tierra; acelera el crecimiento de la luz del mundo que brilla para iluminar el sendero de todos en camino a la libertad.

75. La supuesta maldad ha provocado que la semilla se acelere, para producir el poder y la gloria del Cristo, porque he vencido al mundo.

76. Cuando consideran la maldad como algo abrumador y real, entonces, por su propia conciencia le dan un poder que no posee. Comprendan que esta oscuridad es afectuosa y le permite a la semilla del Cristo crecer de victoria en victoria.

77. Esto es seguro, porque ya ha sido ordenado por el gran Todopoderoso. Es la Verdad que existe desde antes de que empezara el Tiempo y esta misma Verdad es ahora como será lo mismo eternamente.

78. Por ello nacieron en el mundo, para vencer al mundo a través de la victoria del Ungido de Dios en su interior y esta victoria es segura, porque el Señor de las Huestes lo ha decretado.

79. El crecimiento del Cristo en su interior es seguro. El Cristo es perfecto en sí mismo, siempre ha sido y siempre será, porque él fue la Luz del Mundo desde el principio. Pero como es necesario que ustedes como personas crezcan en la comprensión total del Ser Inmortal, nacen en el plano de la tierra.

80. Cada vez se vuelven más grandes a través de su experiencia, mientras se expanden en el espacio ilimitado. Quizás aún no han comprendido la Verdad del dicho "espacio ilimitado", pero si ven en su mente que no hay espacio en ninguna parte, todo estaría lleno de la Mente de Dios, entonces no puede haber algo fuera de Ello; Él llena el espacio ilimitado.

81. El Universo manifiesto continuamente se expande y seguirá expandiéndose eternamente en el

Universo Infinito, no cesando nunca. A través de su experiencia en este plano de acción, pueden ayudar en esta expansión.

82. Ahora están viviendo en la tierra para llegar al interior donde Yo estoy; no sólo verán el trabajo que se está haciendo en este planeta, sino que también estarán en contacto con otros planetas, y en el reino interno nos encontramos y hablamos entre nosotros.

83. Todas estas son las expresiones del Todopoderoso, no están separadas de Él Mismo sino en Sí Mismo, expandiéndose a través de Él y creando continuamente a través de él mundo tras mundo, Universo tras Universo. Éste es su progreso eterno en el Infinito.

84. Ahora piensen en su sentido mortal, qué pequeño es, qué limitados se han permitido ser, confinados al estado del sentido mortal.

85. Qué limitada han permitido que sea su conciencia, afectada por el sentido mortal. Cuando lleguen al interior verán qué ignorantes han sido de la Verdad; pero yo les digo y les digo en verdad, que el Padre es el que está trabajando en ustedes.

86. Por lo tanto, hermanos y hermanas, sean firmes, abunden en el trabajo de vencer al mundo. Su labor no es en vano, porque yo siempre estoy con ustedes.

87. En la misma Naturaleza está todo lo que se ve en el exterior; el mismo proceso creador está en el

interior. No hay nada que vean en el exterior sino aquello que es una expresión del interior. El interior es la causa verdadera, el exterior es el efecto.

88. No se desanimen por las escenas en la Naturaleza que piensan que no deben ser, porque todo está trabajando hacia el bien total.

89. Porque todo lo que existe es primero en el mundo real, del cual el de ustedes no es sino la sombra.

90. Cuando mi tarea esté cumplida en la tierra ya no será la sombra exterior, sino que será el Reino del Cristo donde el león y el cordero duerman juntos.

91. El león es el símbolo de la carne mundana, el cordero es el símbolo del Cordero de Dios, el Cristo, así el exterior será el interior y el interior, el exterior. El león no vencerá al cordero, sino que el cordero vencerá al león.

92. El león de la carne mundana desaparecerá y el amor de Dios morará en libertad. Esto fue lo que llegó fuertemente a mi conciencia mientras viví en la tierra, cuando vi que la fuerza nunca podría traer la paz y la felicidad al mundo, porque aquello que la fuerza produjo puede existir sólo por la fuerza.

93. Pero cuando el amor vino al mundo, el Amor se estableció. El Amor no requiere de esfuerzo para retener Su posesión. También he venido a decirles esto del Cristo, el Amor de Dios. Al percibir este Amor en su interior ayudarán a traer este Amor al mundo.

94. Entonces el nuevo cielo y la nueva tierra serán uno y se convertirán en la morada del Altísimo.

95. Entonces todas las cosas anteriores habrán muerto, y Dios y el hombre están unidos como "uno"; por eso, cuando Me han visto han visto al Padre.

96. Yo les Daré un corazón, y el Espíritu único estará en su interior. Les quitaré su naturaleza dura y les daré una naturaleza que pueda ser conmovida, que ellos puedan vivir por Mis leyes, y así serán Mi pueblo y Yo seré su Dios.

97. Ésta es la promesa que está siendo cumplida y se cumplirá. Lo que se ha decretado por el Señor de las Huestes, así será.

98. La semilla del Cristo en su interior contiene toda riqueza de la Divinidad.

99. Yo estoy con ustedes y mi obra es consumar en ustedes la riqueza del Cristo de Dios. Por lo tanto, siempre hay crecimiento, aunque no puedan reconocerlo.

100. ¡Siempre crecen, recuérdenlo! No lo busquen, sólo permítanse crecer en la Verdad. La hermosa armonía del Amor es la que le trae paz a todos, y a través de esta paz hay crecimiento.

101. Cuando me muevo entre ustedes sé perfectamente bien que sienten la influencia de mi Amor. También quiero que sientan la influencia del Cristo dentro de su propia alma, para que esta paz, este amor, este poder que Yo tengo, también puedan ser suyos.

102. Lo Espiritual siempre es perfecto; lo carnal muchas veces está en desarmonía y tiene muchas imperfecciones nacidas de la ignorancia, reaccionando a la ignorancia generación tras generación.

103. No obstante, a través de la oscuridad, la semilla de la Luz del Mundo está avanzando en muchos corazones y mentes, y por esto el Padre me envió al mundo.

104. Piensen en lo que ha sucedido desde hace casi 2,000 años — el estado mental vulgar que existía entonces entre las personas; sólo muy pocos conocían la Verdad, porque muy pocos podían comprenderla.

105. Aún con mis propios discípulos, fue difícil enseñarles, pero cuando comprendieron la importancia de la gran Verdad se convirtieron en mis discípulos, como ustedes ahora son mis discípulos y con el poder que les conferí a través del Cristo que mora en su interior.

106. El fuego del Espíritu que descansaba en ellos y encendió el poder del Cristo de Dios — esto mismo también les sucederá a ustedes.

107. Igual que la semilla atrae aquello que es semejante a sí misma y crece rápidamente, la semilla del Cristo crece en ustedes atrayendo Su semejante, para que crezca y Se exprese en su propia alma. Éste es el único poder que pueden usar siempre.

108. Y para aquéllos que saben que crecieron del Espíritu, nacieron a Su imagen y semejanza, les revelo la verdad para que puedan saber cómo se les conoce.

109. Muchos de ustedes han buscado ayuda en el exterior, algunos han seguido a uno y otro maestro. Esto los ha confundido y les ha impedido el verdadero trabajo que se puede hacer sólo desde el interior.

110. Qué difícil es para ustedes — no es así — cuando leen libro tras libro e intentan amoldarse a ésta o aquella idea. Siguen este dogma y ese credo, este y aquél culto, intentan amoldarse a todas estas creencias diversas, qué confuso es para el alma.

111. Pero cuando les digo que en su interior mora el Cristo — sólo él vive, él es el único Hijo encarnado del Padre — y cuando empiezan a ver esta verdad y se perciben como hijos e hijas de Dios, nacidos del Espíritu, porque ya les dije que su Padre en el Cielo es su único Padre; no llamen Padre a ningún hombre en la tierra porque uno es su Padre que está en el cielo.

112. Muchos de ustedes que han buscado ayuda, ahora deben escuchar al Cristo *en su interior*.

113. Deben saber que el Espíritu del Cristo en ustedes es el soberano legítimo en su vida. No le hagan caso al ciego que guía al ciego, porque ahora empiezan a ver la Verdad del "único" Dios Vivo.

114. El Cristo es la levadura en la masa. La masa es la humanidad y necesita esta levadura, para que todos puedan convertirse en levadura a través del Cristo, unido en todos.

115. Y cualquier cosa que pidan recordándome, aunque los cielos estén despejados mi Padre les dará baños de lluvia para cada hoja de pasto en el campo.

116. Les he hablado de esta manera, para que puedan hacer caso de mis palabras. Cada hoja de pasto es regada por las lluvias de Dios, los baños del Espíritu de Amor, Sabiduría y Verdad. Así cada hoja de pasto será lavada por la lluvia que baja del cielo.

117. No saben que sólo el Padre es quien hace estas cosas. Sólo en Dios todas las cosas toman forma. Nada puede tomar forma sin Él o fuera de Él.

118. Si ven en los cielos y ven las nubes reuniéndose, pueden decir que va a llover. Déjenme decirles, aunque los cielos estén despejados, recuérdenme si le piden lluvia al Padre, Él se las enviará, creyendo en mí.

119. Éste es el poder que usé para caminar sobre las aguas, para alimentar a miles con unas cuantas hogazas y peces a la mano.

120. Estos no fueron milagros sino el "entendimiento" de que yo era el medio a través del cual el Padre alimentó a Sus rebaños. "Alimenten a mi pueblo". Pero también los alimenté con el Espíritu de la Vida.

121. Les di las palabras de la Verdad que pudieron sostenerlos, pero ellos deseaban comida, comida física, y cuando sus cuerpos se saciaron con el alimento material ellos dijeron que se había realizado un milagro. No comprendieron la Verdad, que este mismo poder estaba dentro de ellos.

122. ¡Qué difícil es darle alimento Espiritual a las masas! Muchos tirarán el alimento Espiritual, ellos

buscan lo físico en vez de lo Espiritual. Pero si buscan el alimento Espiritual, yo les digo que en lo sucesivo todo se les dará. Busquen primero el Reino de Dios y Úsenlo adecuadamente, entonces todas las cosas se les darán por añadidura.

123. Sus corazones deben ser un solo corazón en el cuerpo del Señor de las Huestes.

124. Mucho de su sufrimiento es innecesario, provocado por la lucha de deshacerse de aquello que se atrae del exterior.

125. Recuerden que *nada* puede oponerse a la voluntad de Dios, permanezcan contentos y descansen en el Señor y el Cristo, será su guerrero. Sólo Él los liberará.

126. Cada experiencia les dará más poder; sepan que el hermoso sol de la mañana viene después de la oscuridad de la noche.

127. En verdad, qué maravilloso es que aquéllos que han sido la luz lo entienden, aún en la oscuridad tendrán fe, porque comprenden.

128. Después de la oscuridad de la noche, la belleza del sol de la mañana brillará. Dejen que mi paz esté con ustedes. Dejen que este poder del Cristo trabaje en ustedes.

129. La pena los acerca a mí, para que aprendan de mí, para que su pena se convierta en alegría.

130. A partir de este día ustedes son los hijos de mi Padre. En la noche Él los acuesta a dormir y en la

mañana los despierta, porque Él los ama como una madre ama a su bebé.

131. El corazón del bebé está vacío de todas las cosas excepto de su madre, así que dejen que su corazón se vacíe de todas las cosas excepto de su Padre que está en los Cielos y Él poseerá su corazón totalmente.

132. La gloria de esta Verdad los abre al Amor de Dios, a la Paz y a la Armonía, la fuerza y el poder de la Presencia suprema, y en esta paz hay poder y libertad.

133. Pueden decirle a las olas "Apláquense" y se calmarán. Pero esa calma debe estar primero en sus corazones por el reconocimiento del Padre, sólo Él debe llenar su corazón y su mente.

134. Pueden hacer lo que le agrada a Él, sólo cuando dejen su corazón abierto a Él en todo momento.

135. No hay nada más dulce y delicioso que la conversación continua con su Padre Celestial que los ama. Sólo aquéllos que pueden comprender esto, pueden practicarlo y experimentarlo.

136. No lo hagan por diversión o ejercicio, sino con el corazón lleno de Amor. ¿Cuántos practican la verdad como ejercicio, experiencia, por el placer que les da y por lo que pueden obtener de ello?

137. Recuerden lo que digo — dejen que su corazón sea uno en el corazón del Señor de las Huestes. Piensen en su significado. Contemplen esto y, cuando empiecen a pensar esto con profundidad, cada vez irá

más profundamente, hasta el momento en que sean como yo, hechos a Su imagen y semejanza, porque Yo soy Su Hijo, Yo cumplo Su mandato, la voluntad del Padre se hace en mí. Y cuando me han visto, han visto al Padre, Yo soy el Amor de Dios, el único Hijo encarnado del Padre del Amor.

Ahora entremos al Santuario del Altísimo.

Silencio

"Que mi Paz y mi Amor estén con Ustedes"

Notas del Escritor:

> Durante toda esta lección se pudo escuchar levemente música celestial y esto le dio más poder a las palabras del Maestro.

Plática 10

Benditos sean los Puros de Corazón; porque Ellos Conocerán a Dios

Que mi paz y mi amor estén siempre con ustedes

1. El conocimiento intelectual no es suficiente; sólo con un corazón comprensivo pueden conocer al Padre.

2. La mente puede razonar y la razón es buena, pero este conocimiento puede llegar más lejos que la razón. Deben sentirlo, deben saberlo en su corazón.

3. Antes de que en verdad puedan sentir, su corazón debe estar lleno de este Amor. Éste es el Cristo, el poder manifestado en el mundo.

4. Trabaja individualmente para ustedes cuando lo reconocen como un todo. Cuando se dan cuenta de

la totalidad de este poder en su interior, lo sienten, lo saben, se convierten en el Amor Mismo.

5. El corazón es la entrada a la Sabiduría Divina y esto sólo se puede entender en su propio corazón.

6. La mente los conduce a la razón, para saber lo que es falso y saber y entender aquello que es cierto. La mente es la puerta al corazón, pero si el corazón no está lleno del Amor Crístico, entonces el poder del Cristo no está en ustedes.

7. La mente puede razonar efectivamente, pero el entendimiento que quiero decir va más allá de la razón — un conocimiento de aquello que está detrás y fuera de la mente, la causa de toda la creación.

8. Sólo hay una verdad y estoy repitiendo lo que sé, de muchas maneras. Éste es el medio más fácil y mejor que conozco y no uso otro.

9. Hay muchos que reciben ideas, palabras y frases que repiten, pero hacer esto tiene muy poco valor. Los dichos y las repeticiones que no se comprenden tienen muy poco valor al desarrollar el Poder Crístico que es Amor y Sabiduría.

10. Lo que quiero decir es esto. Cuando empiezan a comprender en su propio corazón y el corazón se vuelve puro, el Cristo mora ahí. Los dichos y las ideas le corresponden a la mente, pero el corazón es el que realmente siente más allá de las ideas. Las ideas no son la Verdad, los dichos no son la Verdad, las creencias no son la Verdad. La Verdad está más allá de todo esto.

11. Hay un conocimiento que supera la razón, un conocimiento que va más allá de los dichos o ideas, porque las ideas y los dichos no son sino palabras cuando no hay un entendimiento.

12. Yo estoy manifestando la Realidad, una Realidad Existente de Vida. Ustedes no crean la Realidad con una idea, ni pueden comprenderla a través de ideas o diciendo palabras; sólo pueden entenderla cuando abren su corazón a Ella y cuando distinguen todo aquello que no es la Realidad.

13. Les da libertad, la libertad para expresar aquello que es cierto. Por lo tanto, para esto he venido, para liberarlos de todo lo que es falso.

14. No es una idea, no es un dicho, no es una creencia, no es un producto de su imaginación, no es nada que pueda evocarse en la mente. Ya está completo, vivo, expresándose a Sí Mismo ahora. Es todo el Poder que hay. Es la Vida eterna en la que no hay pasado ni futuro, sólo el Eterno Ahora.

15. Con el fin de conocer al Padre de Amor deben pensar en Él con frecuencia, entonces su corazón estará donde esté su tesoro.

16. Algunos imaginan que es una pérdida de tiempo morar en Dios. Pero los animo a que piensen en el poder supremo que está detrás de toda la Creación, Siéntanlo, Compréndanlo al discernir todo lo que está relacionado con Ello.

17. Cuando empiezan a sentir el calor de Su Amor y la Sabiduría de Su poder creador, empiezan a sentir

que ustedes pertenecen a la Realidad; entonces le dan expresión a Su Amor y Sabiduría.

18. ¿No vale la pena entonces morar en Dios y todas las maneras maravillosas en que Él Se expresa en y a través de nosotros y en toda la Creación?

19. Esto es muy importante para ustedes y merece su profunda reflexión. Yo conozco el camino; por eso les digo, Sigan mis pasos.

20. La verdadera revelación debe desarrollarse del Corazón Divino de Amor, latiendo al unísono con el de ustedes, tan cerca está el Padre. Es el Padre quien siempre permanece en mí, revelándose a Sí Mismo.

21. El Corazón Divino está latiendo al unísono con el de ustedes cuando sienten el Corazón Divino dentro del suyo, latiendo como uno solo con su propio corazón.

22. El Amor levanta un velo sobre todos los actos erróneos, mientras que el odio provoca la lucha. No vivan en la dualidad de la mente, sino busquen la unidad del Espíritu.

23. Deben levantar el velo del amor sobre los actos erróneos, para que el odio no entre a su corazón. Este Poder Supremo del Amor domina todas las cosas. El Amor es de Dios; lo bueno y lo malo están en la mente del hombre.

24. Sin tomar en cuenta qué se les haga, qué se diga sobre ustedes, no deben buscar la venganza, porque a menos que su corazón esté lleno de Amor, el Amor

no se puede expresar. La libertad sólo viene al entregarle su corazón al Cristo, para que el Cristo lo posea por completo.

25. Éste es el único Poder de vida, la única Realidad Existente y cuando distinguen todo aquello que es falso, ya no obstaculizarán la expresión de aquello que es cierto.

26. El sentido común siempre está en los labios del puro de corazón, mientras que el insensato dice locuras.

27. El puro de corazón expresa aquello que es verdad, mientras que el insensato, por no saber la Verdad, dice locuras.

28. El parloteo del tonto siempre traerá problemas, mientras que el silencio y la sabiduría vierten aceite en las aguas agitadas.

29. Vienen aquí con un propósito, aprender la comprensión más profunda, para que puedan convertirse en mis discípulos. Lo primero que deben hacer es conocerse a sí mismos; entonces se manifestará el poder que puede vencer todas las condiciones. Para conocer al ser deben estar conscientes de las formas del ser y esto conduce a la libertad. En el ser está la causa de todo el misterio.

30. Ustedes deben ser mi ejemplo para mostrarle al mundo la verdad del Principio del Cristo, que es, ama a tus semejantes como a ti mismo.

31. Las palabras del Cristo harán prudentes a muchos, mientras que las opiniones del ignorante tienen poco valor.

32. Mis palabras para ustedes son como plata original y pura, como el oro más raro. Háganles caso y aplíquenlas en ustedes mismos.

33. La bendición del Padre es la que trae riqueza y felicidad, nunca trae con ella problemas.

34. Cualquier cosa que pidan en mi nombre, con eso los bendecirá el Padre. Esta es una promesa: Pidan, sabiendo que el Cristo es el único Hijo encarnado de Dios, el único Poder existente en ustedes. Es el Mismo Padre expresándose a Sí Mismo en ustedes. No hay separación: Yo en ustedes, ustedes en mí y nosotros en el Padre, todos en el Padre y el Padre en todos.

35. La bendición del Padre está fuera de nuestra comprensión. Su Amor siempre está expresando Su Poder supremo en beneficio de todos.

36. Porque cuando venga la tormenta, los tontos serán barridos con el remolino, pero aquéllos puros de corazón están profundamente arraigados en Cristo, el único Hijo encarnado del Padre.

37. Yo les estoy hablando estas Verdades por medio de mi voz, para que se escriban y puedan leerlas y morar en ellas para una mayor iluminación.

38. Escuchar la voz despierta su alma en reconocimiento de la Verdad de que Yo estoy vivo, "Yo Soy la Vida". Como ustedes ahora están vivos, sabrán también que yo estoy vivo con ustedes y como Yo soy también serán ustedes.

39. No estoy separado de ustedes, como muchos igual a ustedes creen. El camino hacia mí es a través de su corazón, porque yo moro en su interior. Búsquenme y me encontrarán.

40. El mundo está aturdido por la ilusión exterior y muchos están confundidos. Por el poder inherente dentro de ellos, crean su propia confusión.

41. El hombre está aturdido por la ilusión de los sentidos. Sin embargo, el trabajo interno del Espíritu dentro del hombre está desarrollando al Cristo de Dios en el hombre, y pronto la ilusión de los sentidos morirá.

42. Lo que actualmente está sucediendo en el mundo no es sino el despertar del Espíritu en la raza humana.

43. La turbación del Espíritu es Su desarrollo, pero vemos a muchos que se desarrollan en la ignorancia, lastimándose a ellos mismos y a otros. Si todos conocieran la Verdad del desarrollo desde el interior, entonces llegaría la paz, pero yo digo que la paz está aquí, porque el Amor es la base del mundo.

44. Lo que fue en un principio es ahora. Aquello que se envió en el principio existe ahora, pero la raza humana todavía no se ha apoyado en el Árbol de la Vida. Todavía come del fruto del bien y del mal, que tiene sus raíces en sí mismo.

45. Al venir a mí serán elevados de su propia condición. Yo estoy entronizado en su interior, pero

me buscaron y no me encontraron. Busquen en su interior y ahí encontrarán a Dios. El puro de corazón Lo conocerá.

46. Cuando la mente está confundida, no puede haber paz; Yo no estoy confundido, Yo sé que Yo Soy la Vida. Si su mente está confundida por diversas ideas y creencias que los mantienen separados unos de otros, entonces nunca podrán conocer al "Único" Dios Eterno.

47. El puro de corazón ve a Dios en todos. Las creencias, las ideas, las imágenes, no son sino el producto de la mente, pero la Realidad es Eterna y siempre Se expresa en el ahora.

48. La raza humana se eleva al darse cuenta de su propia Maestría Divina, a través de su comprensión Divina y Amor. Por eso, el puro de corazón conocerá a Dios.

49. Así como les hablé a mis discípulos de estas cosas, les hablo a ustedes de las mismas cosas; porque ustedes también son actualmente mis discípulos en el mundo y yo estoy trabajando entre ustedes.

50. El conocimiento nace del sufrimiento hasta que el hombre alcance la conciencia de Dios. Cuando alcanzan el conocimiento consciente del único Poder Real y existente expresado en ustedes mismos, percibirán que el sufrimiento ha sido el medio para el desarrollo de esta conciencia, y entonces cesa el sufrimiento.

51. En los próximos años, en el mundo habrá un gran avance en la ciencia. Mucho de esto elevará a la raza humana, pero mucho también será usado para dañar al hombre en la tierra.

52. Aquí nuevamente el intelecto se está usando sin la guía del Espíritu — el puro de corazón.

53. El mundo aún está comiendo del fruto del Árbol del Conocimiento del Bien y del Mal y sólo cuando la raza humana se apoye del Árbol de la Vida — el Cristo interno — llegará esta salvación.

54. Traté este asunto antes y yo sé que muchos lo comprenderán. El bien y el mal no son realidad. La Realidad no es buena ni mala. Es completa en Sí Misma, perfecta en Sí Misma. La norma de un hombre malo puede ser otro hombre bueno y la norma de otro hombre bueno puede ser otro hombre malo. Son relativas, a lo que el hombre piense.

55. Si examinan estrechamente lo que piensan de las cosas, encontrarán que estas son ajenas a ustedes y, por lo tanto, son relativas a ustedes. Si lo llaman bueno o malo sabrán que es relativo a ustedes. Sepan que están controlados y dirigidos por un poder que está en el interior de ustedes, un poder que no es bueno ni malo, sino perfecto en Sí Mismo, Éste es el Cristo de Dios.

56. El bien y el mal son productos de su mente, lo que piensan sobre las cosas. Éste es el Árbol del Conocimiento del Bien y del Mal, el fruto que no deben comer a menos que mueran en su ignorancia. Cuando

se sostienen del Árbol de la Vida, la percepción más íntima de la Verdad, ésta será su salvación.

57. Cuando conocen al Cristo su mente ya no está molesta con el bien o el mal y se convierten en el poder manifestado del Amor, Sabiduría y Poder de Dios.

58. Yo soy la salvación del mundo y cualquiera que crea en mí vivirá eternamente.

59. Yo soy el Ungido de Dios vivo, a quien el Padre envió al mundo para salvarlo. Este mismo Cristo mora en su interior. El mismo Espíritu de Dios que mora en mí, mora en ustedes.

60. Muchos de los que ahora me están escuchando han abandonado la tierra, son seres vivos conscientes que alguna vez fueron como ustedes, y son iguales a ustedes, excepto que tienen un cuerpo de una naturaleza más sutil. No obstante, ellos tienen un cuerpo que es relativo a la conciencia interna, igual que su cuerpo es relativo a ustedes y está bajo su dirección cuando el Poder del Cristo se comprende.

61. Extiendan su mano y sosténganse de este Árbol de la Vida, porque es el Manantial del Agua de Vida elevándose a la Vida Eterna.

62. Casi toda la gente del mundo se ha desarrollado a través de la ignorancia y no se ha desarrollado perfectamente por todos lados; y esto ha sido la causa de muchas enfermedades en el mundo.

63. Sin embargo, es mejor llegar a la comprensión de su Ser Espiritual a través del sufrimiento, a través

de la experiencia, que sin ello, porque este es el mal amistoso en el mundo que ayuda en su comprensión y desarrolla el poder del Cristo al observar aquello que es falso.

64. No hay nada que temer, sin importar qué los aflija, sin importar en qué circunstancias puedan encontrarse — el Cristo las vence todas. Éste es su poder, el poder de Dios existiendo en ustedes. Es el poder creador que existe en ustedes desde el principio y será siempre, será el mismo entrando y saliendo del cuerpo. Por ello, todo el poder se les ha dado en el cielo y en la tierra.

65. No están limitados por su cuerpo sino que lo están por su mente, por la creencia en el poder del mal. Sosténganse en el Árbol de la Vida; esto los liberará.

66. A través del Árbol de la Vida también despertará el hombre sin desarrollar y aprenderá el "Yo Soy", el único Poder Creador en Dios y en el hombre. "Yo Soy la Vida".

67. Todos despertarán a la Verdad, pero es mejor que la Verdad no se revele totalmente hasta esos momentos en que el corazón se vuelva puro.

68. El Poder Creador en el hombre, de hecho, es un poder supremo, y cuando la conciencia lo percibe, debe haber amor para que guíe y dirija Su acción.

69. El Corazón Divino de Amor debe latir al unísono con el suyo. Se revela a Sí Mismo sin la lucha cuando están conscientes de la Verdad. Mucha gente

se ha desarrollado, pero ignora la Verdad y por eso ellos mismos han creado la enfermedad y las dificultades.

70. Cuando la Verdad se conoce y cuando estas cosas se ve que son relativas, el Cristo se levanta por encima de ellos, él se convierte en el eliminador de todas las circunstancias y las condiciones adversas.

71. No pueden comprender la grandeza del Cristo en ustedes, porque el Cristo siempre está desarrollando la Presencia de Dios que moraba en el alma del hombre.

72. En toda alma existente en el mundo existe la presencia de Dios y el Cristo está desarrollando su Presencia continuamente.

73. El Cristo ve y comprende aquello que es falso y aquello que es cierto. El Cristo también corrige el error y cuando el error se corrige, la condición desaparece. El Cristo es el mediador entre Dios y la raza humana; él comprende a Dios y comprende al hombre. Es la individualización del Espíritu del Mismo Dios en la manifestación.

74. El Padre individualizado en ustedes se convierte en el Cristo en ustedes. Entonces el Cristo comprende la debilidad de la carne, comprende los sufrimientos del mundo. El Cristo de la humanidad nunca podrá entenderse hasta que logren en ustedes mismos la generosidad Crística.

75. Tienen mucho que aprender sobre esto, sólo podrán saber el significado total del sacrificio de la

Cruz de la humanidad cuando entren a la generosidad Crística.

76. "Yo Soy" el hombre Universal y en mí todos encontrarán su verdadera relación.

77. Todos nacimos de un Padre y, cuando crezcan con este entendimiento, alcanzarán la totalidad de la Cristiandad en ustedes mismos. Con eso se liberan del mundo de la ilusión.

78. Mi voz — este conocimiento, esta verdad — no sólo está siendo escuchado por ustedes, sino por muchos presentes que son invisibles para ustedes, porque no hay separación. La única separación está en la mente del hombre, porque en la Realidad no hay separación.

79. Yo soy la vid, el Padre es la savia en la vid y toda la humanidad son los sarmientos.

80. El árbol único con muchas ramas, sin embargo, una sola Vida en todos. Por eso atraje el símil, así como ustedes atraen el símil en referencia a lo que ustedes llaman electricidad.

81. La electricidad es un grado de la Vida en manifestación, pero la electricidad está en todos lados —no hay un sitio donde no esté. Así, ustedes la atraen y la usan como un poder y luz, y de muchas otras formas.

82. Estamos muy conscientes de todos los inventos que actualmente se están dando en el mundo. Sus mentes científicas son canales por los que la Inteligencia

se está expresando. Porque todo debe conocerlo la raza humana en la tierra. Comprenderán y verán entre bastidores, gradualmente tomarán conciencia de su Naturaleza Divina que en Sí es perfecta.

83. Cuando llega ese reconocimiento entonces Yo, el hombre Universal, y a través de mí todas las razas, se comprenderán unas a otras, porque esa relación será de hermanos.

84. Yo soy en verdad el Hijo de Dios mientras soy el hijo del hombre, así la gran unidad de Dios y el hombre se manifiesta en la Cruz. La muerte nunca tocó al Hijo de Dios, porque Él es el Cristo y tiene victoria sobre la muerte.

85. Porque el Cristo muere en la carne, sólo para vivir en el Espíritu y Yo soy Aquél que vive con el Padre eternamente y aquéllos que crean en Mí harán lo mismo.

86. No piensen que tienen que morir para vivir con el Padre, porque ahora están viviendo con el Padre y en el Padre, y el Padre está viviendo en ustedes. Si pueden comprender estas palabras, entonces verán que no hay separación y no hay muerte.

87. El Padre es Infinito por naturaleza y para ser Infinito Él debe incluir todo, de otro modo Él no podría ser Infinito. Él debe existir en ustedes también, y ustedes deben existir en Él, de otro modo no podrían vivir — porque no hay nada fuera del Padre; Él es completo en Sí Mismo.

88. Ustedes son creados por Él y en Él, y en Él viven, y la vida en ustedes es eterna porque Es Su Vida. El Padre y Yo somos uno.

89. No hay poder que pueda dañarlos contra su propia voluntad.

90. Por eso entré a los desechos astrales donde las almas vivían en la oscuridad de su propia ignorancia — para liberarlas y arrojar aquello que las separa de Dios, y que todos puedan vivir en la realidad del Cristo.

91. Muchos de los que ahora están escuchando mi voz, en este momento están siendo liberados de los desechos astrales para entrar al Paraíso, porque fue su propia ignorancia la que los envolvió en la oscuridad de su propia creación.

92. Muchos han descubierto que sus creencias sólo son creencias y no tienen existencia en la Realidad, porque la Realidad es Eterna. Es el único Principio Creador Existente. Cuando la Realidad Eterna se percibe, entonces son libres.

93. Hablé de la vez en que entré a los desechos astrales. Se daban muy poca cuenta de las condiciones que tuve que asumir en mí mismo para entrar a esos desechos y liberar a aquéllos en la oscuridad. Sólo pueden entender cuando se den cuenta que sufro con toda la humanidad, porque Yo soy la Humanidad y de ese modo he llegado a liberar a la humanidad.

94. Hay muchos que ahora están trabajando en estos desechos, liberando a todos aquéllos que se

encuentran en la oscuridad. Porque todos debemos llegar a ser "Uno" y perfecto de acuerdo con la plenitud del Cristo.

95. Por consiguiente, de ahora en adelante no se engañen por falsas doctrinas que los separan aún en Cristo. Porque aquéllos que predican a Cristo y la separación al mismo tiempo son falsos maestros.

96. Como el cuerpo es guiado por el "Uno", aún todas las coyunturas, aunque separadas, son guiadas por el Uno que tiene pleno cuidado del cuerpo.

97. Por lo tanto, qué no saben que Yo no vivo sólo para una nación sino para todas las naciones, porque todos son hijos de mi Padre que está en los Cielos.

98. Entonces, dejen que toda la amargura y el coraje en contra de su hermano se aparte de ustedes.

99. No busquen la venganza, porque aquello que se encuentre en su corazón les sucederá a ustedes también.

100. Lo que un hombre piense en su corazón así es él.

101. Muchos de aquéllos que han salido del cuerpo físico están observando, ayudando y guiando a otros en el físico. Todos y cada uno de ustedes tienen un ángel guía; nunca se les deja solos ni un sólo momento.

102. Cuando entran al mundo como un bebé, sí, antes de que entren al mundo como un bebé, hay un ángel guía con ustedes, uno que sigue con ustedes aún después de que han dejado el cuerpo físico hasta que alcanzan la madurez en el sentido Espiritual.

103. Ustedes también algún día serán uno de esos ángeles guías de alguien a quien amen. No siempre es el más querido y cercano a ustedes en la tierra quien se convierte en su guía. Muchas veces es alguien que nunca conocieron en la tierra, sino uno que está unido con ustedes en lo Espiritual.

104 No busquen venganza, porque aquello que está en su propio corazón también les sucederá a ustedes. Si pueden comprender estas palabras, entonces ven el significado de la espada de dos filos. Cualquier cosa que piensen en su propio corazón sobre cualquiera, lo crean en sí mismos.

105. Sean amables unos con otros y compasivos, perdonándose unos a otros. Como Dios los perdona, así deben perdonarse entre ustedes por mi bien.

106. Ser puro de corazón es ser semejantes a Dios como hijos amados de mi Padre.

107. Porque no hay sino un solo Dios y un Cristo en Dios, y un Dios en Cristo; y este Cristo mora en ustedes y es su única Realidad — su Ser Verdadero. Entonces, sean ustedes mismos, sean perfectos como su Padre, sean perfectos igual que su Padre es perfecto en el Cielo.

108. ¿Pueden entender el verdadero significado de estas palabras? Sean ustedes mismos, sean perfectos igual que su Padre es perfecto en el Cielo.

109. La ignorancia del hombre de esta gran verdad es su pobreza interior que lo hace buscar en el

exterior cosas que aprecia, sin embargo, su pobreza aún continúa.

110. Éste es el infierno que el hombre se crea para sí mismo, porque no encuentra consuelo en las cosas que aprecia del mundo; aunque se aferre a ellas las perderá, porque no puede llevárselas con él.

111. Yo soy la Felicidad Eterna — la riqueza y la fuerza que vive eternamente; y a través del agua que yo les doy de beber, nunca volverán a tener sed, porque es el Manantial Eterno de la Vida que da todas las cosas a quienes piden, conociéndome.

112. ¿Y como podrían conocerme? Me conocen a través de la comprensión de la fuente de su ser, porque el poder de la creación está en su interior.

113. Mantengan una serenidad perfecta en su interior, no permitiendo nunca que ninguna influencia externa entre a lo más íntimo para molestarlos.

114. Al ayudar a otros, es mejor mostrarles como ayudarse a sí mismos a través del Poder Creador del Cristo que mora en su interior.

115. Que ustedes solos ayuden a otros no es el plan. No hacen mucho aunque vistan y alimenten al necesitado, mientras dejen fuera el verdadero don del Espíritu de Cristo, el victorioso en todas las circunstancias, el victorioso que mora dentro de cada alma.

116. La gran verdad que deben entregarle a cada alma es el poder del Cristo que mora en el interior de ellos. Éste es el gran don de Dios.

117. Dejen que todos vean al Cristo en ustedes a través de la comprensión, porque la victoria mora dentro de cada uno. Dar es divino, pero dar el entendimiento del poder del Cristo es el secreto detrás de toda la felicidad verdadera; Es la sabiduría de Dios.

118. He venido a abrir la puerta que los separa de mí.

119. Ésta es la puerta de los sentidos exteriores y como vivían en su exterior no conocían el interior.

120. Sin embargo, el exterior no es sino un reflejo del interior. Recuerden que los deseos de la carne también se satisfacen desde el interior. Pero hay un fin en todas las cosas de la carne, mientras que las cosas del Espíritu son eternas.

121. No pido que rechacen las cosas de la carne, son necesarias mientras están en el cuerpo, pero las cosas del Espíritu son más importantes.

122. Ni tampoco deben despreciar las cosas de la carne, sino darse cuenta y reconocer su valor, y usarlas conforme a ello.

123. No son en sí mismas realidad; sólo son un medio para un fin, no el mismo fin. Entonces, yo les digo que los deseos de la carne y las cosas de la carne deben llegar a un fin, mientras que las cosas del Espíritu permanecerán.

124. La personalidad es la ilusión de los sentidos, sin embargo, la verdadera personalidad es el traslado del Espíritu Divino a la acción cotidiana.

125. Sólo al retirarme de mis discípulos pude llegar a ellos libre de la ilusión de la personalidad de Jesús.

126. Fue este sentido interno quien hizo a mis discípulos los grandes Apóstoles que fueron, porque sólo por este mismo sentido interior puedo hacer que ustedes también se den cuenta de la gran importancia de la verdad que Yo les estoy revelando.

127. No deben pensar en la personalidad de Jesús el hombre, ni deben representar esta personalidad, porque esto no los dejará ver la Verdad del Cristo. El Cristo es el único Hijo encarnado del Padre, el poder detrás de toda manifestación.

128. La Palabra fue en un principio y esa Palabra estaba con Dios, esa misma Palabra era Dios y esa Palabra fue la que encarnó. Las personalidades deben desvanecerse de nuestras mentes antes de que puedan ver la realidad del Cristo. Éste es el significado de mis palabras, "¡Qué es lo que han llegado a ver, un hombre!"

129. Sólo al entrar al Cristo Universal pueden llegar a ser verdaderas personas del Espíritu de Cristo revelando la verdad del Dios "Único".

130. Yo en ustedes y ustedes en mí, y nosotros en ellos y todos en el Padre.

131. Y aquí estamos todos reunidos llenos del Espíritu Santo de Dios nuestro Padre; por lo tanto repetiremos, esa palabra que estaba con Dios y es Dios — AMOR.

132. Ahora percibamos el sentimiento del Amor de nuestro Padre por todos.

**"Que mi Paz y mi Amor estén con Ustedes
y que permanezcan con Ustedes"**

*Entremos a un verdadero estado de Amor
donde el Corazón Divino late en todos los corazones.
No cierren sus ojos, vean hacia mí.*

Silencio

"Que mi Paz y mi Amor queden con Ustedes"

Notas del Escritor:

> Durante este silencio una gran luz envolvió al hermano; no se vio más que una luz cegadora. Entonces el Maestro se marchó y el hermano permaneció de pie. En verdad fue una maravillosa demostración del poder del Espíritu.

Plática 11

el Espíritu de Dios está Encarnado en el Cristo de Dios en Ustedes

Les traigo mi Paz y mi Amor

1. El Cristo es la expresión personal del Todopoderoso. El Cristo mora en ustedes y en cada alma viva. Ésta es su vida, su conciencia. Por Ello viven, por Ello ustedes fueron creados eternos, a través de Ello tienen la salvación.

2. Ésta es la gran Conciencia Cósmica, la iluminación interna que cubrirá toda la tierra. Cuando esto se haya comprendido por todos y cada uno, toda la tierra será transformada, transformada saliendo de su estado de ignorancia por la comprensión de la Verdad.

3. Cuando lo Universal se haya reconocido en cada persona, se convertirá en universal. Por eso el Todo

que está detrás de la persona será percibido por cada persona.

4. El Universal individualizado es el Cristo y esto debe ser reconocido por la persona. Entonces, la persona sabrá que el todo está detrás de él y detrás de toda la humanidad, porque no hay división. La plena comprensión de esto revela a Dios en el hombre.

5. En Dios no hay división. No es sino un Todo expresándose a Sí Mismo en todos, y la Conciencia de Dios se manifiesta en todas Sus creaciones, y cada una de Sus creaciones existe en Su Conciencia, Dios es poderoso entre ellos.

6. Cuando empiecen a comprender esto, elevarán su conciencia fuera de las condiciones que los rodean y entrarán a su verdadero derecho de nacimiento, el Ungido de Dios interno.

7. El mundo saldrá de la limitación del tiempo y el espacio, y obtendrá su libertad Espiritual.

8. El tiempo y el espacio siempre han sido un obstáculo para la comprensión de la universalidad, la totalidad del Infinito. Para reconocer la Infinidad no puede haber tiempo o espacio.

9. La Realidad no tuvo principio y no tendrá final. El hombre no crea la Realidad, pero si crea el tiempo y el espacio en su propia conciencia. Ésta es la ilusión, no el entendimiento y la percepción de la totalidad. Ésta es la ilusión — no el entendimiento y la percepción de la totalidad donde no hay tiempo, espacio,

principio, ni fin. No es sino un todo y este todo Se está expresando ahora. Ésta es la Realidad. Yo soy uno con la Realidad; la Realidad y yo somos uno. Éste es el reconocimiento de la Conciencia del Cristo donde todo es posible.

10. Busquen fuera de la personalidad, ésta no es sino la manifestación exterior. No pueden encontrar la Verdad fuera de ustedes mismos. Deben buscar fuera del ser personal y las personalidades a su alrededor. Nunca podrán encontrar la Verdad en la personalidad; la personalidad es el resultado de las reacciones y las condiciones de la persona.

11. Las ideas y los conceptos sostenidos en la conciencia se están expresando a través de la personalidad, pero ésta no es la Realidad. La Realidad es completa y perfecta en Sí Misma y Se expresa a Sí Misma en la pureza, en la perfección; éste es el Ungido de Dios. Entonces, busquen fuera de la personalidad.

12. Sé cuanto aman al hermano que estoy usando como medio para transmitirles mis pensamientos y algunos piensan que él es afectado cuando el poder es muy intenso para que lo soporte su cuerpo. Pero en verdad les digo que lo amamos tanto como ustedes y veré que no se le acerque ningún daño; así que estén en paz y sepan que todo está bien.

13. También algunos piensan que el poder es demasiado intenso para ustedes, muy fuerte para sus cuerpos y sienten como si abandonaran sus cuerpos. Ahora, la manera para evitar esto es no luchando por

el cuerpo, luego desaparecerá la sensación y estarán perfectamente conscientes de mi presencia.

14. Ahora les estoy dando este consejo, porque yo sé que para algunos es muy difícil mantenerse en el cuerpo cuando el poder es tan fuerte. Mi poder Espiritual no puede dañarlos.

15. En este momento están rodeados por una gran fuerza de Seres Espirituales, que están entre ustedes y vienen de todos los planos de la conciencia. Estos seres son iguales a ustedes, la única diferencia es que ellos se manifiestan en una vibración más elevada. Ellos traen una fuerza enorme con ellos; vienen a escuchar y su amor también los rodea.

16. Conozco las dificultades que algunos tienen cuando las emociones son intensas; estas vibraciones crean una vibración en su cuerpo emocional y, por lo tanto, sienten el efecto, pero nada puede dañarlos aquí o en ninguna parte, porque Yo siempre estoy con ustedes.

17. El Espíritu de Dios se personifica en ustedes como el Ungido de Dios. Entonces, darse cuenta que son uno con el Cristo es el camino hacia la Verdad. Percibirse con el Cristo, no sólo ustedes en el plano físico, sino también los que han salido del plano físico, también es para ustedes reconocer y percibirse uno con el Cristo.

18. Entonces, en ese reconocimiento encuentran la salvación, el poder y la gloria del Espíritu Infinito que se individualiza en ustedes como el Ungido de Dios.

El Espíritu de Dios

19. Lo que miran con su visión interna lo provocan en su vida individual.

20. No hay secreto en esto. Ha sido dicho por todos los profetas, sin embargo, pocos pudieron comprenderlo, porque buscaron fuera de ellos mismos la respuesta.

21. Muchos están haciendo lo mismo actualmente. Las masas están buscando fuera la respuesta. Pero están aprendiendo a no buscar fuera de ustedes mismos la respuesta; sólo en su interior la pueden encontrar — ¡Yo Soy la Vida!

22. Sean uno con todos, una gran hermandad en Dios unida divinamente entre ustedes — éste es el camino al que los guío.

23. Aunque esto es una Realidad, ahora debe establecerse en la conciencia individual para hacerla Realidad en la persona.

24. Lo que ahora perciben en su vida se está expresando en el exterior. Por ello, el desarrollo del Espíritu crea una expansión de la conciencia; y como su conciencia envuelve todo, a través del desarrollo alcanza el gran entendimiento de la Verdad del Todo. Como la conciencia de Dios los sostiene, ustedes deben sostener la Conciencia de Dios que está en su interior, porque son uno.

25. Los ídolos son únicamente oro y plata hechos por las manos del hombre.

26. Con bocas, pero nunca hablan; con ojos, pero no pueden ver.

27. Con oídos, pero no pueden escuchar; y no hay aliento de vida en ellos.

28. El ignorante venera las cosas que no tienen vida, mientras que el sabio vive en Dios.

29. Aunque un ídolo se tenga como un símbolo, la conciencia debe percibir lo que está detrás del símbolo. Venerar con ignorancia un ídolo es inútil, pero vivir en el Padre y saber que Él vive en ustedes es una verdadera veneración.

30. Por lo tanto, conocemos lo que veneramos, mientras que las masas no conocen lo que veneran. Por consiguiente, yo les digo que veneren a Dios en el Espíritu y en la Realidad, porque Dios es Espíritu y el único Ser vivo que hay. El Padre y Yo somos uno.

31. Pero yo les digo, no veneren a nadie en la tierra, porque uno es su Padre que está en el Cielo.

32. Él es el Aliento de Vida en ustedes, el Ungido de Dios individualizado en ustedes.

33. El Cristo es el Amor de Dios en toda la raza humana. Yo soy el Amor de Dios, para conocer este Amor deben adorarlo a Él que es Amor.

34. ¿Y como adoran aquello que es Amor? Al alcanzar lo más elevado que está en su interior, dando el amor que está emanando de Él que los creó hacia ustedes, dándose cuenta de este río rebosante de Vida y de Amor que corre por su alma.

35. Cuando expresan ese torrente de Vida y de Amor que entra a su propia alma y corazón, entonces

verdaderamente sentirán el amor de Dios, porque amar a todos es amar a Dios. Dios los ama a todos, porque todos son Su Creación; por eso digo, amen a sus semejantes como a sí mismos.

36. Me alegro en aquéllos que portan las noticias de la paz y buena voluntad hacia todos los hombres.

37. Yo trabajo en silencio en los corazones de todos los que me escuchan. Denle la vuelta al exterior y aprendan del único "Uno" que mora en el interior.

38. En su serenidad, ahí estoy yo morando, en su conciencia y en su corazón, animándolos a que me escuchen. El ritmo del amor, de la paz, de la armonía en su alma es el ritmo del Amor Eterno de Dios animando a toda la humanidad.

39. Yo soy uno con el Padre y no estoy dividido en ninguno de ustedes, sino uno con Él en Quien viven y tienen su ser; por lo tanto, en Él estoy completo, en ustedes y en todos soy el mismo. Con mi Paz y mi Amor, los bendigo a todos.

40. Abriré las puertas para que el gran Río de la Vida Infinita pueda fluir e inunde todas las naciones.

41. Porque la visión de Daniel se está representando entre ustedes.

42. No es mi propósito revelar la visión de Daniel en estas pláticas para ustedes, pero cuando lean a Daniel sabrán lo que quiero decir. Es la visión de las cosas por venir, la visión y el propósito del gran Arquitecto del Universo, que creó todos los planetas

y los soles en el Universo, y todo lo que existe dentro y sobre ello.

43. Cada planeta está controlado y dirigido por un Espíritu. Igual que Cristo controla este mundo, así el gran Espíritu Etérico controla los diversos planos etéricos en este Universo. Conocemos estos Espíritus, nos entienden, nos comunicamos con ellos, porque no hay espacio, tiempo ni distancia.

44. Cada planeta tiene sus diversos grados de influencia sobre la tierra, ordenados todos por el gran Arquitecto del Universo.

45. La visión de Daniel es la comprensión de todas las longitudes de onda de la expresión de estos Ángeles Solares, los Ángeles Solares trabajando para el desarrollo y la elevación de esta tierra y de todo lo que mora sobre ella. El final será Paz y Amor. Les traigo este mensaje. En verdad les digo que Dios ha ordenado que el final sea en Paz, Amor y Buena Voluntad entre todas las almas.

46. Hay una sanación perpetua donde fluya este Río. Entonces, ábranse a Ello, para que a través de ustedes fluya hacia todas las criaturas y también habrá abundancia.

47. Porque donde fluya este Arroyo, le dará vida a todas las criaturas y también habrá abundancia.

48. Esta Agua fluye del Santuario de Dios y es el alimento y la bebida para *todas* las almas.

49. Poco se dan cuenta de este magnífico trabajo que están haciendo en el Santuario. Algunos de ustedes

pueden pensar que han venido aquí sólo por casualidad, pero no existe tal casualidad respecto a estas cosas. Ya les dije antes que ustedes no me escogieron; soy Yo quien los escogí.

50. Aquél que es débil para entender la fe, ayúdenlo siendo consistentes en su propio razonamiento.

51. Lo que quiero decir por entender la fe es que hay una fe con entendimiento, que es como la casa que se construye sobre arena, los vientos y las lluvias vienen y la golpean, y queda destruida.

52. La Verdadera Fe se basa sobre la roca del entendimiento; este entendimiento de la fe es la Verdad. Es como la casa que es construida sobre la roca; los vientos y las lluvias vienen y la golpean, y se mantiene contra todo lo que la azota.

53. Este es el entendimiento de la fe que quiero que tengan y le den a los que vienen a ustedes para beber. Denles la bebida que hará que nunca más tenga sed, denle el Manantial del Agua de Vida elevándose a la Vida Eterna.

54. No se pierdan en el exterior o queden atrapados con los dichos. Mantengan su mente en el Eterno; ésta es la manera segura de razonar.

55. Muchos los acosarán con palabras, muchos vendrán a ustedes con dichos, quizás algunos ya se han dicho, pero no comprender el significado de las palabras pondrá sobre éstas una construcción diferente. Pero si mantienen su mente en el Eterno, entonces es una manera segura de entenderme.

56. No intenten recordar mis dichos o repetirlos como pericos — eso tiene poco valor para ustedes o para cualquiera que venga a ustedes. Se les dará la palabra en ese mismo momento. Éste es el manantial que nunca se seca y cuando beben de éste, nunca volverán a tener sed.

57. Por cada persona que comprenda, el Cristo ha ganado una victoria para toda la raza.

58. Les aconsejo que oren frecuentemente, los amo mucho y le agradezco al Padre por su gloriosa oportunidad aquí y ahora.

59. Pónganse en Sus manos, para que Él pueda hacer lo que Él quiera con ustedes.

60. Como un bebé que se acuesta en los brazos de su madre, sientan también que están en los brazos del Padre Amado siempre Eterno y dejen que Él haga con ustedes lo que Él quiera. Entonces, no habrá lucha y el poder de Dios estará en su mente y en su corazón; su mano será fuerte, su mente estará alerta. Éste es el poder del Cristo que siempre está con ustedes.

61. Entonces Él los abrazará con Su Amor y comerán en Su mesa, y sirviéndoles con Sus propias manos Él les dará la llave de Su tesoro.

62. Él conversará y se deleitará a Sí Mismo con ustedes incesantemente en miles de maneras y Él los tratará como Sus preferidos.

63. De este modo, ustedes se sentirán en todo momento en Su Santa Presencia; de esto sé muy bien.

64. Es el poder de Dios el que mora en ustedes y pueden tener este poder de vida ahora. Reconózcanlo, adórenlo y moren en la Santa Presencia del Padre, reconociendo Su grandeza, Su Amor, Su Poder, porque todo es de Él y lo que es de Él también es de ustedes.

65. Hasta el más miserable de los hombres, lleno de corrupción, hombres que hayan podido cometer todo tipo de crímenes contra Él, sólo tienen que abandonarse a Su misericordia confesando todas sus maldades y pidiendo perdón Divino.

66. Mi Padre esparcirá ante ellos Sus regalos y les dará un asiento en Su mesa sin reprenderlos.

67. Porque todos los que vengan al Padre a través del Ungido de Dios Vivo y Lo reconozcan, Él de ninguna manera los echará.

68. Piensen entonces en las bendiciones que se han otorgado sobre ustedes. En cuanto reconocen y perciben el Cristo vivo en ustedes, de inmediato han llegado a la Presencia del Padre. Empezarán a expresar de inmediato el Amor de Dios y en ese mismo momento quedarán tan blancos como la nieve.

69. Ésta es la paz que les traigo. La mente ya no está atrapada en la red del temor del infierno, ni su mente queda atrapada en el temor al mal, porque el Cristo es la victoria, a quien se le ha dado el dominio sobre todas las cosas. Todo el poder se me ha dado en el cielo y en la tierra.

70. En una comunión silenciosa en el Santuario, descansen con el conocimiento de que Su amor y su sanación se están vertiendo sobre ustedes, y que ese Río de Vida Infinita está cubriendo toda la tierra.

71. Este convenio fue llevado por las tribus de Israel como el Santuario interno, un símbolo del alma interior, la morada del Altísimo.

72. Dentro de este Santuario fue donde los Israelitas entraron a hablar con Dios. Pero el verdadero Santuario está dentro de ustedes, dentro de su propio corazón; ahí pueden hablar con Dios. En su corazón llega la sanación y el Amor de Dios.

73. Lo que están haciendo ahora está sucediendo por todo el mundo. No podrán comprenderlo verdaderamente hasta que hayan abandonado el físico y entonces verán lo que han hecho por sus hermanos y hermanas mientras estuvieron en la tierra. Escucharán estas palabras, "Bien hecho, mi buen y fiel sirviente".

74. Cada vez que perciban esto encontrarán un cambio creciendo en su interior, una sensación de responsabilidad siempre creciente hacia sus semejantes, expresando salud, felicidad y una vida abundante.

75. Su cuerpo es el ropaje del Espíritu, el Templo del Dios Vivo, y están aprendiendo que el Espíritu es el Gobernante.

76. No teman ninguna condición que pueda atacarlos del exterior. Ninguna condición o circunstancia,

sea lo que sea, puede afectar al Cristo en ustedes. El Cristo es inflexible, es todo el poder que hay, siendo el Hijo de Dios.

77. El Cristo no se afecta por estas condiciones ajenas al ser; el Cristo es el Espíritu de Dios en ustedes. el Espíritu es todo el poder y puede vencer todas las condiciones. A través del sufrimiento adquieren experiencia y aprenden del Cristo y hasta si mueren en sufrimiento, el Cristo en ustedes vivirá gozosamente y será su Realidad Eterna.

78. La oscuridad que los rodea es el mal amistoso que desarrolla al Cristo en ustedes. Igual que la semilla se planta en la oscuridad amistosa de la tierra, la Vida en la semilla se une con la Vida en la tierra esperando reproducirse; crece fuera de la oscuridad para expresarse en la imagen y semejanza de la semilla sembrada. Así hace el Espíritu de Dios, el Cristo es la semilla que está en ustedes y crecerá fuera de la oscuridad que los rodea. La belleza del Cristo se manifestará en ustedes como la imagen y semejanza del Padre. Yo soy aquél que vivió, que murió y ahora vive eternamente.

79. No se desanimen si los resultados inmediatos no son próximos. Se está haciendo el trabajo de acuerdo con su pensamiento. Esta ley es infalible.

80. La oscuridad que parece cubrir su conciencia demostrará ser amistosa, porque el Cristo está trabajando en ustedes y es imposible el fracaso.

81. El cuerpo de la humanidad se convertirá en un ropaje hermoso del Espíritu de Dios, vendré nuevamente para decirles que la salvación no es en parte, sino con todos y por esto Yo estoy trabajando entre ustedes.

82. Las señales están anunciándose en el cielo de la nueva Jerusalén.

83. Todos los movimientos en los cielos son los pensamientos expresados por el Absoluto. Ustedes son Su pensamiento también y, por lo tanto, deben manifestar Su Amor y Su Sanación.

84. Quizás han malentendido el verdadero significado del pensamiento.

85. El pensamiento no es un concepto o una imagen mental, aunque estas encuentran sus vías a través de la mente.

86. El pensamiento es la expresión directa del pensador y nunca está separada de él. Es el proceso creador detrás de toda la forma y expresión.

87. Cuando tienen un concepto en su mente están morando en el concepto; están buscando en algo ajeno a ustedes. La Realidad está detrás del pensamiento; el verdadero pensamiento es cuando no está influenciado por el externo. Ésta es la verdadera expresión del pensador. Mi pensamiento de sanación sale hacia ustedes y cumple con su misión.

88. Todos los mundos, con sus innumerables formas de la Naturaleza, son pensamientos expresados por el Infinito, en el Infinito.

89. El Amor es el poder detrás de todas Sus creaciones, no importando cómo las vean ustedes desde el exterior. Su naturaleza investida en ellas está avanzando hacia el depósito central del Amor, donde todo existe.

90. Cuando comprendan toda la Naturaleza verán la manifestación del Espíritu de Dios — la manifestación del Espíritu en el mineral, el vegetal, el animal y el humano. La Conciencia de Cristo es el reconocimiento de la totalidad del Espíritu, la Conciencia de Dios en el hombre, consciente de Sí Misma. Yo soy el Hijo de Dios, ningún hombre es mi padre en la tierra, sólo uno es mi Padre que está en el cielo.

91. Igual que todos los arroyos avanzan hacia el mar, todas las formas avanzan hacia el mar incognoscible del Amor, fuera del cual todo se origina.

92. El Universal y el individual son uno. En el individuo que percibe esto, radica el manantial del crecimiento en el que la Vida Infinita en la persona la evoluciona. Y de inmediato perciben esto, empieza su propia evolución Espiritual.

93. El Cristo es el hombre completo en Dios y Dios en el hombre. Él es el producto terminado. Todo el poder supremo de Dios se expresa a través de él, todo el poder ha sido investido en Él, en el Cielo y en la tierra. Él es completo en sí mismo, él es el Hijo de Dios el Padre, llevando en él todos Sus atributos. Así la Vida del Padre ha sido investida en el Hijo y el Hijo le da expresión a esa Vida.

94. Él es el único — el Padre dentro de Su propia creación. Aunque existe por sí mismo nunca se separa de Sus creaciones, es indivisible por naturaleza pero es íntegro e insustancial en todos.

95. Al ver las cosas a través de sus sentidos, las cosas que pueden tocar y sentir, ustedes dicen que son reales, pero sólo son la sombra de la realidad. La Realidad es aquello que se encuentra en el interior, lo invisible; lo sustancial es el interior, el externo es la sombra.

96. Han llegado a la tierra muchos problemas por ignorancia de la Verdad. Cuando la Verdad haya sido comprendida por todos, entonces todos veremos al Espíritu, porque el Espíritu es la Realidad, mientras que el exterior no es sino la manifestación del interno, porque sin el interno el externo no existe.

97. Al comprender el significado de las palabras "Yo soy la Vida", antes que nada debemos saber que Dios es Vida y la Vida es Dios. Entonces en la expresión "Yo soy la Vida" saben lo que están diciendo; entienden el significado del dicho "Yo soy la Vida".

98. Yo soy la Vida. Estas palabras son ciertas y cuando se han comprendido tienen un extraordinario poder en su expresión.

99. Yo soy la Vida centrada en Dios, enviando al exterior rayos de Amor, Sanación e Inteligencia por todos.

100. Esta Inteligencia está activa; nunca está estática. Siempre está activa expresando la Voluntad del

Padre. Si la conciencia ignora esto, está perdida en las cosas externas, y esto se convierte en la ilusión de la mente que no entiende.

101. Entonces, la Conciencia expresará estas ilusiones para la añoranza de la persona, pero si se conoce el Espíritu y se comprende el poder del Espíritu, la Voluntad del Padre se manifestará, éste es el Cristo, la manifestación del Amor, la Sabiduría y el Poder de Dios trayéndonos a todos al único redil, y habrá un pastor.

102. Aquéllos que se comuniquen conmigo sentirán mi presencia, porque no estoy separado de ustedes. El Padre y yo somos uno con ustedes.

103. Sí, y cuando me llamen, no les fallaré. Todo lo que es bueno para ustedes les llegará a través de mí.

104. El gran enemigo es la sensación de separación, haciendo realidad la separación en la mente del hombre.

105. A través de los siglos, la ignorancia de los hombres y las mujeres ha osado pensar que ellos mismos son entidades completas y separadas, considerando el sufrimiento de la humanidad como algo ajeno a ellos.

106. No hay separación. Lo que le afecta a uno debe afectarle al conjunto. Ése es el camino del Ungido de Dios. Él es la salvación de la raza.

107. Sí, yo siento el sufrimiento de toda la humanidad, pero quitaré ese sufrimiento de ustedes, si pueden escucharme. Mi camino es el camino de la

salvación. Mi camino es la hermandad del hombre y la Paternidad de Dios. Mi camino es de Vida, no de muerte.

108. ¿Están buscando a Dios a lo lejos? Si es así, entonces viven en la separación de los sentidos, buscando afuera de ustedes la Realidad. ¿Están buscando a Dios a lo lejos? Respóndanse esta pregunta. ¡Piensen en ello!

109. He venido a revelarles que Yo no estoy separado de ustedes, sino que soy uno con ustedes. Ésta es su salvación.

110. La ley de Dios está trabajando aún en el detalle más minucioso de su Vida *terrenal*.

111. La Tierra mantiene en su grandioso interior Fuerzas Espirituales invisibles, creadoras y reconstructoras, expresándose a Sí Mismas en la forma.

112. Esta gran Fuerza Espiritual está individualizada en ustedes como el Cristo interno, expresando la Vida Infinita en toda su gloria y poder, con el elemento central del Amor, porque el dominio del Poder está en el Amor, porque Dios es Amor y el Amor es Dios.

113. Igual que les enseñé a mis discípulos los misterios en lo secreto, haré con ustedes.

114. Aquéllos que creen en mí son mis discípulos ahora. Aquéllos que no lo hacen, pierden la gran recompensa resultante del reconocimiento del Cristo, el único Hijo encarnado del Padre.

115. Toda la creación es el pensamiento del Único, el Padre respirando a través del mineral, el vegetal, el animal y el humano. Cuando la conciencia se percibe a sí misma comprende aquello que Es. Y cualquier cosa que perciba la conciencia, se manifiesta. Ésta es una ley inmutable de la Vida.

116. La Conciencia debe percibirse a Sí Misma como la expresión de la Conciencia de Dios. Como el Padre tiene vida en Sí Mismo, Él le otorgó al Hijo tener la misma Vida en sí mismo.

117. El Padre está Consciente del Universo y todo lo que hay en él. Su Conciencia es el Principio Creador en el Universo, así es Su Conciencia establecida en el Hijo del hombre. El Padre conoce al Hijo y el Hijo conoce al Padre. El Cristo es el Hijo de Dios y ustedes son mis hermanos y hermanas.

118. La misma Vida tiene Conciencia. "Yo soy la Vida".

119. No den en su mente Vida a la forma y entonces digan que la forma es la realidad. La Vida crea la forma, pero Es independiente de la forma.

120. Por un proceso mental no limiten esta Vida a través del razonamiento de la mente, cerrando con eso el camino a todo lo que está fuera de su mente.

121. No prolonguen la Vida a las formas que ven ante ustedes. La Vida es invisible, pero sustancial y omnipresente. La forma es la expresión de la Vida, las formas que ven ante ustedes no son sino la expresión

de todo lo invisible de la Vida, porque el todo nunca se divide.

122. Un día aprenderán más sobre estas cosas. Verán lo invisible como un mundo visible — sí, las formas de vida más grandes que ustedes actualmente comprenden; sí, aún los ángeles de Dios, invisibles para ustedes actualmente, serán visibles. Pero más allá de esto, está la Vida Eterna.

123. La Vida está más allá de la forma, así que no limiten la Vida por la forma que ven, siendo la forma la expresión de la Vida. No limiten la Vida por el razonamiento de la mente, cerrándose por ello a todo lo que está más allá de su mente.

124. La Verdad no es una parte de la Verdad. La Verdad completa no se ve o se escucha. Su desarrollo continuará en los estados superiores.

125. No hay sino una sola Verdad. Yo soy la Verdad, pero nadie puede concebir todo lo de la Verdad. Yo estoy en toda la humanidad. En Mí ustedes son uno en todos y todos en uno. Esto siempre se está expandiendo en la Verdad total, el Padre de Amor. El Espíritu de Dios está personificado como el Cristo de Dios en ustedes.

"Que mi Paz y mi Amor estén con Ustedes"

Entremos al Santuario.
No cierren los ojos, que vean hacia mí.

Silencio

"Que mi Paz y mi Amor estén con Ustedes"

Notas del Escritor:

> El Maestro se marchó, con la misma música y campanas conocidas, en una mirada de luz que casi ciega mis ojos.

Plática 12

Así se ha Elevado el Cristo

Les traigo mi Paz y mi Amor

1. El pensamiento Divino es la elevación del Cristo en ustedes.

2. Muy pocos entienden el poder supremo del Cristo en ustedes. Es el Espíritu del Padre manifestándose individualmente en todos y cada uno de ustedes. Tomen conciencia del Padre, de la palabra de Dios, del medio entre el externo y el interno; esto es el Cristo en ustedes.

3. Cuando busquen en el interno, encontrarán al Padre; cuando busquen en el exterior verán los efectos. Deben reconocer la diferencia entre los dos y percibir el gran Poder Creador que está en su interior. Éste es el único Poder Creador que existe y Usarlo

conscientemente, reconociendo su fuente, provoca Su propia perfección en la Vida.

4. Entonces, no Lo limiten por su propio proceso mental de razonamiento y por eso cierren los caminos a lo Ilimitado. Su razón está limitada por el entendimiento de las cosas. Por lo tanto, tienen que eliminar todas las creencias y las ideas limitadas de otros, así este estado ilimitado de conciencia, que es, entrará en la conciencia individual y ahí inundará con un Poder Divino que está más allá de la razón.

5. Esta Misma Naturaleza Divina es capaz de saber al instante, sin razonamiento, sin recuerdo. Es libre y natural. Tiene en Su interior el poder para crear, porque tiene una comprensión ilimitada. Está más allá de la razón, porque Ella Misma está llena de Sabiduría, pero la razón La limita cuando razonan en Ella, porque está más allá de la razón; su razón está basada en lo que es la mente, pero la Realidad está más allá de su mente.

6. No pueden razonar en aquello que está más allá de su razón, pero pueden expandir su capacidad para recibir, al despejar su mente de las limitaciones.

7. Sus creencias se han convertido en su obstáculo para el desarrollo de lo ilimitado. Si estuvieran sin creencias que los obstaculizaran, volverían a ser como niños, libres para comprender la Realidad, sin obstáculos.

8. Muchos están obstaculizados por sus creencias rígidas, no pueden aceptar nada fuera de la idea que otros les han dado. Así que se entregan a una autoridad

ajena a ellos mismos, con el resultado de que están limitados, atados y ya no son libres.

9. Estos obstáculos, estas creencias, son las que impiden que el extraordinario poder del Cristo se manifieste ahora en ustedes. Al Cristo se le ha dado todo el poder en el cielo y en la tierra. Cuando entienden esto, las creencias limitadas desaparecen, porque el Cristo es ilimitado por naturaleza. El Poder del Cristo es el Padre Mismo individualizado, expresándose a Sí Mismo individualmente en todos y cada uno de ustedes — no separado en Sí Mismo, sino con una variedad fuera de todo cálculo; no obstante uno y el mismo, porque el Cristo es el mismo en todos.

10. A menos que se vuelvan como niños no podrán entrar en el Reino. Sólo con la mente libre de la limitación de las ideas y las creencias de otros, pueden recibir lo ilimitado, porque soy Yo el que está trabajando en ustedes.

11. Cuando su conciencia esté consciente de mi naturaleza ilimitada y esta naturaleza ilimitada se encuentre en su interior, entonces pueden decir igual que Yo desde su interior, el Padre y Yo somos uno. Reconociendo la fuente del Ser, sabiendo que la misma fuente está dentro de todos, entrando a estos reinos interiores de la Naturaleza del Padre — por consiguiente, Yo trabajo en y a través de ustedes.

12. Mis mismos pensamientos, mis palabras, ahora están afirmando su atención profunda en su alma; estas palabras se vuelven parte de ustedes

mismos y con el tiempo se expresarán en su vida, trayendo paz, armonía y gozo.

13. Hay tanta fuerza del Cristo encerrada dentro de su mente, incapaz de expresarse por sus creencias rígidas.

14. Sólo tienen que ver dentro de una mente rígida, en sus creencias, para ver qué limitada está. Esto es en verdad la ignorancia que obstaculiza la manifestación del Cristo en el mundo y ésta es la causa de la separación y el conflicto.

15. ¡Qué cierto es esto! Aún en la infancia la mente está abarrotada de creencias restrictivas, y de ahí en adelante el niño crece a la madurez con creencias que asfixian al Cristo y no es sino hasta el momento en que el alma despierta al reconocimiento del poder que hay en su interior, que puede liberarse. Entonces saca estas creencias e ideas limitadas de otros, ya no estando limitado por ellas, sino libre para expresar la Palabra que era en un principio.

16. Por eso vine al mundo, para liberarlos a todos de las ataduras de la limitación. Busquen al Padre y sólo a través de Él pueden ser libres. Sólo Él, dentro de ustedes, es la única autoridad; no existe otra.

17. Las flores se abren y florecen por la fuerza oculta dentro de ellas; así el alma del hombre se abre por la Vida del Cristo en su interior. Entonces, no la obstaculicen por sus procesos mentales limitados.

18. ¡Qué fácil es ver, pero qué difícil es para aquéllos cegados y controlados por las creencias que arrojen

sus ataduras! Luchan por la libertad, sin embargo, sus ideas y sus creencias los atan.

19. Cuando todas estas creencias de limitación se eliminen de la mente de los hombres y las mujeres por todo el mundo, el mundo entonces, en verdad, expresará la Vida del Cristo.

20. Todos aquéllos que han salido de la tierra, que han experimentado la Vida sobre la tierra, saben qué difícil fue quitarse sus creencias rígidas. Algunos todavía las sostienen, siguen luchando por la libertad. Pero conforme se desarrollen, gradualmente encontrarán que no existía tal creencia, sólo era un "conocimiento", el conocimiento de Dios en Quien no hay separación.

21. Y cuando la mente del hombre llegue a ese punto en que ha distinguido todo y ha llegado a lo más elevado en su interior, entonces perfora el velo que lo ha separado del Todo y entra a la totalidad de la comprensión del Cristo. Y Yo les pregunto: "¿Qué es lo que saben ahora?" y ustedes contestan, "Yo sólo sé del Cristo, que es todo en todos".

22. Cuando la mente del hombre sea un instrumento por el que pueda manifestarse el Poder del Cristo, será en verdad inteligente. Hay una comprensión inteligente de todas las cosas, creando por eso todas las cosas nuevas. Es a través de este poder que todo lo nuevo se crea.

23. Éste es el poder que está plantado dentro de ustedes mismos y avanza cuando la mente está libre

de todas las creencias y las ideas restrictivas. La Verdadera Inteligencia empieza a actuar cuando la mente no conoce separación. *Y cuando esto se conozca, se liberarán de la prisión de su propia creación.*

24. Esto resulta al pasar a través del velo que los separa del "Conocimiento Total".

25. Yo les aseguro que no es difícil perforar el velo; es sencillo, cuando eliminan de su mente todas las limitaciones, todas las creencias, todas las teorías. Cuando se logra esto, pueden ver hacia mí y yo hablaré a través de ustedes.

26. Viendo a la humanidad desde el interior, vemos qué tanto poder está encerrado, por sus creencias y por los conceptos mentales que mantienen.

27. Uno de sus mayores obstáculos es el engaño de que los momentos de oración deben ser diferentes a los de otras épocas.

28. La oración es la sensación de la Presencia de Dios y ésta debe ser en todo momento una realidad consciente.

29. ¡Reservan un día a la semana para la oración! Y como reservan un día a la semana para la oración se sienten satisfechos en sus meditaciones semanales.

30. Déjenme decirles que éste no es el camino. El camino debe ser la continua percepción consciente del Padre trabajando en ustedes; ustedes se dan cuenta que no hay separación y que el tiempo y el espacio no existen.

31. Entonces, hagan sus asuntos comunes, no solamente para agradar al hombre, sino hasta donde son capaces, únicamente por el Amor a Dios.

32. Con eso, su trabajo de ninguna manera estará limitado, sino que se expandirá en la naturaleza ilimitada de la Presencia que los guía.

33. Se entregan totalmente a mí, en reconocimiento a la Verdad de que el Padre se puede manifestar a Sí Mismo en toda Su gloria y Poder; entonces, la mente se convierte en un vehículo para la expresión de este poder supremo. Pero antes de que esto pueda ser, la mente debe estar llena de reverencia, llena de amor. Entonces, se elevarán por encima de su vida cotidiana ordinaria, hacia una de gloria en la "Presencia" que no conoce ni pasado ni futuro. Entonces, este poder supremo se convierte en una realidad para ustedes.

34. Los planetas se mueven en sus órbitas y todos los movimientos en los cielos son Sus maravillas, sin embargo que poco saben que ese mismo poder está esperando expresarse a través de la mente que es capaz de entregarse totalmente a la expresión del Amor y el Poder Divinos, el Cristo en todos.

35. No necesitan preocuparse por el resultado de su labor, porque su Padre celestial recompensa generosamente a todos aquéllos que Lo aman.

36. Tampoco necesitan preocuparse por el mañana, porque el mañana ya se resolvió por sí solo por el amor que se expresa hoy.

37. Los reflejos de sus vidas están registrados y permanecen con ustedes, y son llevados a cabo en el reino interno. Todo lo que es bueno y digno se conserva; todo lo que no, se disuelve. Porque el Padre no conserva nada en contra de ustedes — sólo su hermano en la ignorancia hace esto.

38. Todo lo que se asemeja al Cristo se conserva, pero todo lo que no tiene poder por sí mismo debe disolverse, porque sólo se sostiene por la ilusión de los sentidos.

39. No teman las cosas que los acosan, ni la supuesta maldad que los rodea, porque no puede entrar en el cielo en su interno; estas cosas se disuelven en la nada, donde pertenecen.

40. Dentro de ustedes sentirán ese efecto de calma imperturbable del poder del Ungido de Dios, el canal para la expresión ilimitada del Mismo Padre.

41. Ésta es la Luz verdadera que ilumina a cada hombre que viene al mundo.

42. En todo el que nace, ahí nace el Cristo. Este mismo Cristo, este mismo Espíritu de Vida, es el Padre expresándose a Sí Mismo en todas y cada una de Sus creaciones.

43. El mundo está bajo Su mano, sin embargo, el mundo sabe muy poco de Él.

44. Pero aquéllos que Lo reciban, Él les dará poder para vencer, como Cristo, el Hijo de Dios, venció todas las cosas.

45. Ésta es la promesa Divina cuando conozcan Su nombre, Lo reconozcan y perciban la fuente de su ser, no limitado de ninguna manera. Ésta es la verdadera libertad.

46. La verdadera libertad es conocer y comprender la fuente de su propia Existencia. Grande es el gozo de aquéllos que han venido a la Fuente y han bebido de ahí. Porque ellos beben del vino de la Vida, el vino que es mejor a todos los demás vinos; Es la fuente de toda la Vida. Yo Soy la Vida, el Padre y Yo somos uno.

47. Igual que en aquéllos que aceptan al Cristo, el Espíritu del Padre, morará la palabra de Dios en la carne para declarar la Verdad del único Dios de vida que gobierna el Cielo y la Tierra con amor.

48. Cristo en su interior es la palabra de Dios que mora en la carne, para declarar la Verdad del único Dios de vida que gobierna el cielo y la tierra con amor. ¿Necesito explicarles más esto? Se los dejaré para que puedan pensar en ello ustedes solos y por ello traer paz a sus almas.

49. Y a menos que se amen unos a otros, no entrarán al Reino de mi Padre.

50. Porque el Reino de mi Padre es un Reino de Amor, de Armonía y cuando entren en mi cielo deben traer mi cielo con ustedes. Esto no es tan difícil. Primero deben quitar todas las limitaciones, todas las ideas que llevan a la separación, todos los celos, todos los antagonismos, todo lo que obstaculiza la verdadera expresión del Mismo Padre.

51. Su pudieran ver en su mente y ver los pensamientos, las imágenes e ideas, los conflictos, las penas, las depresiones que ustedes crean, todas estas limitaciones se manifiestan en su propia mente, sólo por no comprender la Verdad.

52. Dejen que todas estas limitaciones que les pesan se les caigan de inmediato y entonces estarán en el cielo. De esa manera traen el cielo con ustedes cuando despejan su mente de todas las limitaciones.

53. Porque Él ama a cada uno de ustedes. Como una gallina cubre a sus polluelos con sus alas, así mi Padre los cubre a todos ustedes con Su amor.

54. Algunos me odian porque no me comprendieron. Pero ustedes me comprenden, me escuchan y mi Padre que me ve. Yo Te agradezco Padre, que Tú me hayas dado a estos Tus hijos de amor, que yo pueda enseñarles de Ti, para que ellos puedan ser libres y completos como yo soy.

55. No pueden tener enemistad contra otro en la Casa de mi Padre; Su fiesta está extendida ante todos aquéllos que se amen entre sí, porque Yo moro en cada uno. Si ustedes odian a su hermano también me odiarán a mí.

56. Debe haber una gran paz en su mente, su cuerpo y su entorno, ya que Dios trabaja en ustedes para desarrollar la semilla santa, porque Su trabajo de la creación es a través de ustedes.

57. Ustedes son el sitio de acción que Dios creó para mi manifestación.

58. Por lo tanto, no se cansarán de hacer cosas por el Amor de Dios y cada cosa que hagan, háganla por el Amor de Dios.

59. Yo les estoy dando el secreto de todo el poder en el cielo y en la tierra, y si pueden apoyarse en lo que se les ha dado, aceptarlo ahora y actuar en ello, en verdad les digo que verán los efectos de ello al instante en sus vidas.

60. No tendrán que esperar hasta mañana o un año, sino que al instante sentirán los efectos en sus vidas — ¡ahora! Por consiguiente, hagan todo por el amor de Dios.

61. Muchos de ustedes han pensado que eran personas separadas y distintas unos de otros y de mí, considerando las dificultades y los sufrimientos de otros como si estos fueran algo fuera de ustedes mismos.

62. Yo puedo llevar todas sus cargas, porque yo sé que mi Padre me cuida y si ustedes están cansados, entonces mi Padre los cuidará como Él me cuida a mí.

63. Él me ha dado el poder para vencer todas las condiciones y este poder se manifiesta también en ustedes. Por lo tanto, no consideren a otros como si estuvieran separados de ustedes y de mí, sino sientan conmigo en toda la humanidad. Sientan conmigo y me conocerán, y lo que hagan por otros lo hacen por mí.

64. Por consiguiente, no se cansarán al hacer cosas por el Amor de Dios cuando me conozcan y sepan que mi Padre es también su Padre.

65. No consideren que el trabajo realizado es el más grandioso, sino el Amor con el que se realiza.

66. Casi toda la gente considera sus logros con amor propio y dirán, "Yo construí esto, Yo construí lo otro; he creado esto y he creado aquello". Nadie crea nada separado de Dios, porque Dios es el que les da el poder para hacerlo. No hay nada fuera de Dios, porque Él es Infinito por naturaleza.

67. Por consiguiente, reconozcan que la fuente del poder es el Amor y que viene a través del Cristo interno; entonces, no consideren el trabajo como el más grandioso, sino el amor con el que fue realizado. Todas las cosas pasarán, pero el Amor permanecerá para siempre.

68. Su mente es el espejo de su alma y aún en su sufrimiento crecerán en fortaleza, sabiendo que siempre están en la presencia del Padre.

69. Su corazón y su imaginación están estrechamente relacionados. Lo que está en su corazón, lo reproduce su imaginación.

70. Estas pláticas que les estoy dando están acercando su corazón a la fuente de toda la Vida.

71. Sé que algunos se han quejado con el hermano de que no se les ha permitido entrar a escuchar estas pláticas. Este trabajo sólo puede hacerse bajo condiciones especiales y yo los he escogido — ustedes no me escogieron.

72. No es porque yo quiera dejar a otros fuera de estas grandes verdades; recuerden eso. El motivo es

que ustedes han sido elegidos. Muchos han sido llamados pero pocos han sido elegidos. Yo les enseñé en secreto a mis discípulos, para que pudieran comprender el Poder de Dios y cómo usarlo con sabiduría. De este modo, yo también les enseño, para que también puedan usar este poder con sabiduría para provocar una mejor comprensión en el mundo.

73. Cuando salgan al mundo serán mis discípulos, propagando la verdad de la Vida eterna, diciendo que sólo el Amor es el poder regente y que sólo este poder puede traer la paz y la felicidad al mundo.

74. El hombre debe buscarme; de este modo, él puede elevarse a sí mismo. Como la serpiente fue levantada en el desierto por Moisés, así el hijo del hombre se levantó.

75. Entonces, dejen que el Cristo habite en su corazón y serán conscientes del desarrollo siempre nuevo. Verán, escucharán y conocerán el poder creador del Espíritu de Dios personificado en el Ungido de Dios en ustedes.

76. La verdadera oración es una sinceridad profunda; tiene un gran poder de atracción y yo quiero imprimir en su mente la importancia de la sinceridad en la oración, no a un Dios externo sino comunicándose con el Padre a través del Cristo de Dios interno.

Nota del Escritor:
>
> Se sintió un profundo silencio y el auditorio se llenó de luz.

77. Esto es lo que quiero decir al ser sinceros en la oración. La respuesta es: El Poder Creador y el lugar de la creación están en el interior: ahí Yo moro, entonces piensen de mí que vivo en Todo.

78. Cuando me aman a mí, aman también al Padre. El Padre tiene grandes cosas guardadas para aquéllos que Lo aman.

79. Yo soy la Palabra que era en el principio con Dios y todo llegó a ser por mi mano, y sin mí ni una sola cosa llegaría a ser.

80. Fue el Padre quien creó a través de mí; Él está hablando a través de mí ahora.

81. Nadie ha visto nunca a Dios, sin embargo, yo estoy en el seno de mi Padre que es Dios. Él me ha manifestado y ustedes lo han escuchado.

82. Yo soy la semilla de mi Padre en el Cielo que Él ha vuelto a plantar y producirá el mismo fruto en todos ustedes.

83. La verdad de la hermandad del hombre está empezando a mostrar su crecimiento por encima de la oscuridad de la tierra. Está empezando a perforar la mente del hombre, y en verdad les digo que sigue siendo el propósito del Cristo cumplir el propósito de Dios.

84. Por lo tanto, lo que fui enviado a hacer se cumplirá. El propósito de Dios se cumple a través del Ungido de Dios en todos. ¡Por favor, recuerden lo que les digo!

85. Yo soy uno con la humanidad — en el Jardín de la Humanidad, una de las primeras flores; y yo estaré con ustedes todos los días, aún hasta el fin del mundo.

86. No hay separación entre nosotros, y cuando abandonen su vivienda terrestre y vengan a los reinos interiores de la conciencia, yo seguiré estando con ustedes y ustedes estarán conscientes de un mayor conocimiento; estarán conscientes de un mayor amor, un amor que disolverá toda enemistad.

87. En la casa de mi Padre hay Amor Divino, y todos aquéllos que se dirijan a mi Padre con arrepentimiento recibirán su Amor, y Mi Padre los llenará con Sus regalos.

88. Hay muchas mansiones en la Casa de mi Padre; éstas son grados de conciencia. El mayor obstáculo para la expresión de la Divinidad es la ignorancia del Cristo en ustedes.

89. ¿Quién es el pecador más grande? ¿Pueden condenar a otro y no condenarse ustedes mismos? ¡Piensen!

90. Muchos de los que han vivido en la tierra en la ignorancia, malentendiendo su poder, lo usaron equivocadamente, porque no comprendieron el Amor de Dios. Pero ahora están creciendo y desarrollándose a la libertad, a través de la comprensión y el amor.

91. Todos los recuerdos del pasado se están disolviendo, pero a través de estas experiencias ellos han

llegado a conocer el Amor de Dios. Como el corazón se regocija en la belleza del Amor del Padre, el alma florece en toda su gloria.

92. El Espíritu de Dios en el hombre está despertando a la verdad de Su Vida eterna de Amor Divino y de felicidad, expresándose a Sí Misma gozosamente en Su verdadera naturaleza, el Amor.

93. Como la verdad de la Existencia se está desarrollando en la mente, el hombre desechará las divisiones de las formas de religión limitadas. Entonces habrá una verdad, un pueblo de Dios, un rebaño y un pastor, y todos escucharán mi voz.

94. La oscuridad que los rodea, que parece oponérseles, es el medio de mi crecimiento en ustedes. No teman, porque yo soy el vencedor.

95. Y cuando encuentren penas y dificultades, recíbanlas con alegría, porque a través de ellas crecerán en mí al vencerlas.

96. La Idea de Dios es Su Palabra y yo soy esa Palabra, nació en la carne, floreció ahí, creció de la carne para vivir eternamente con mi Padre y éste es el camino de toda la humanidad.

97. Por lo tanto, Yo me manifiesto en el sitio más íntimo como siempre lo hice. Mis raíces están en la Mente Eterna de Dios.

98. La Palabra era en un principio — la Palabra estaba con Dios; esa misma Palabra era Dios y esa Palabra se hizo carne. Creció fuera de la carne triunfante,

dominando la carne, venciendo al mundo. Éste es el Cristo que crece y florece a imagen y semejanza de Dios, porque el Cristo es la semilla de Dios plantada en el mundo, para vencer al mundo.

99. Por lo tanto, yo me manifiesto en el sitio más íntimo del Ser. Yo sabía que ahí no podía existir tal cosa de la muerte, porque esto existió sólo en la mente limitada del hombre. Cuando pueden comprender la maravillosa verdad de la Vida Eterna, esa Misma Vida no es afectada por la supuesta muerte.

100. No hay interrupción en la Vida por la experiencia de la supuesta muerte, sin embargo, hay una liberación del obstáculo de la carne por el desarrollo del Espíritu.

101. Algunos han venido del plano terrenal odiando a sus hermanos y sus hermanas. Estos odios se derriten y se disuelven en la nada por la verdadera comprensión. El Espíritu se convierte cada vez más en la Vida de Dios, reconoce de inmediato que los planos inferiores de la manifestación no son sino un estado inferior de la conciencia en la que se manifiesta la Vida. Su trabajo es traer el Reino del Cielo a la tierra.

102. Deben distinguir conscientemente aquello que impide el crecimiento y el desarrollo, y hasta que no perciban, conscientemente, a la Conciencia "Única" existiendo en todos, no llegará la libertad. No pueden salir de lo inferior a lo superior hasta que esto sea conocido para ustedes.

103. Mi Padre no recuerda nada contra ustedes, ustedes tampoco recordarán nada en contra de su hermano o su hermana, así que estén en paz ahora, porque ahora es la Eternidad.

104. El hombre Divino está completo en Dios. Él atraviesa todas las etapas de crecimiento hasta que la conciencia se da cuenta de su verdadera fuente.

105. Entonces el hombre Divino se da cuenta de su omnipotencia en la Realidad de Dios.

106. Todos aquéllos que están viendo conmigo a los que están creciendo en la tierra, están llenos de anhelo porque la voluntad del Padre se cumpla.

107. Por las experiencias ustedes superan sus dificultades y ven qué tanto poder está reprimido por sus creencias, sus odios, su ignorancia en el mundo. Anhelamos que la voluntad de Dios se cumpla en la raza humana para ver el maravilloso poder del Amor expresado.

108. El fin está en el principio y el principio está en el fin. El fin de toda la separación está en Dios, al comprender Su verdadera naturaleza y la expresión de Su Infinito Amor Divino.

109. Hay alguien entre ustedes, que teniendo cien ovejas, si una de ellas se perdiera, ¿no dejaría a las noventa y nueve e iría en busca de aquella que se perdió hasta encontrarla. Y cuando la encontrara, se alegraría y la llevaría de regreso al rebaño, para que el rebaño estuviera completo?

110. Yo les digo que hay más gozo en el Cielo con uno arrepentido, que noventa y nueve que no necesitan arrepentirse.

111. Mi Padre está completo; nunca nadie puede perderse, todos se encontrarán, y se traerán de regreso al rebaño y ahí habrá gozo, porque el rebaño estará completo. Ésta es la voluntad de Dios — Felicidad y Paz completas con Amor para cada uno.

112. Esta paz llegará, porque ya se ha ordenado.

113. La idea del Padre para el mundo es perfección, y no menos. Como el Espíritu de Dios está personificado como el Cristo en ustedes, reinará el Cristo en la gloria en la que el Padre lo creó.

114. Muchos que han salido de la tierra siguen aferrándose a la idea falsa de que la materia es una realidad por sí sola. Esta sensación de siempre la creencia ha retrasado el progreso de muchas almas profundamente reverentes y nobles. Siguen viviendo en la sensación material como si siguiera siendo real para ellas.

115. Recuerden, lo que ven no es una Realidad; no es sino el reflejo de algo interno. Aquello que se ve en la superficie cambiará y morirá, y se disolverá en la nada, pero aquello que es Real permanecerá.

116. No consideren las cosas materiales como reales; sólo son efectos de aquello que es invisible. Muchos han venido a los reinos interiores con la idea de la solidez o realidad de la materia.

117. Aunque son almas nobles, creyentes, pero siguen dormidas en el Cristo, no han despertado a

la comprensión del poder del Cristo y la libertad de la Vida Crística. Estas almas nobles están obstaculizadas por sus creencias restrictivas y les falta comprensión de la verdadera naturaleza de las cosas.

118. Esto les impide desarrollarse a las experiencias superiores guardadas para ellas.

119. La única sustancia es Dios. Todo está en Su Mente, todo es Su creación. Lo visible no es sino el reflejo de Sus ideas, la verdadera existencia permanente, eternamente arraigada en Su Realidad Eterna.

120. Contemplen profundamente esto hasta que se vuelva real en su propia conciencia.

121. Establezcan este trabajo con seriedad y si lo hacen como se les dijo, tengan la seguridad de que pronto encontrarán los efectos de ello en su vida.

122. Por eso ascendió el Cristo.

**"Que mi Paz y mi Amor estén
y queden con Ustedes"**

*Ahora entraremos al Santuario juntos.
Cada uno vea hacia mí.*

Silencio

"Que mi Paz y mi Amor queden con Ustedes"

Notas del Escritor:

El Maestro nos bendijo a todos como siempre y Su Paz y Su Amor quedaron con nosotros.

Plática 13

Ustedes son los Sarmientos en la Vid que Alberga mis Frutos

Que mi Paz y mi Amor
queden con Ustedes

1. Vean la Vida de Dios como la "Conciencia de Cristo" en ustedes, "Yo soy la Vida" entonces se comprende.

2. La Vida es conciencia. Es Dios que Se está expresando. No puede haber otro. El Cristo es el único Hijo encarnado del Padre.

3. El gran hombre es el Cristo que gobierna al mundo en el cual existe todo. ¡El Cristo-hombre también existe en cada persona y no hay separación en ninguna parte! Si pueden darse cuenta de esto,

entonces verán qué maravilloso es entender la totalidad de la Realidad donde no hay separación, ni distinción.

4. El crecimiento de la Semilla Divina se manifiesta en ustedes. El trabajo oculto está sucediendo. Esperen pacientemente; y así como llega el fruto de la estación, llegará el Cristo en ustedes, floreciendo como el Fruto de Dios, el producto terminado.

5. Hay un trabajo oculto que sigue en cada uno de ustedes, aunque no se den cuenta de ello. La gran verdad es, que nada es estático; hay movimiento en todas partes, continuamente y hacia arriba, en toda la humanidad. Éste es el Cristo trabajando en ustedes.

6. Sí, en respuesta a su pregunta, cuando estas pláticas con ustedes estén completas, se imprimirán, para que el mundo también pueda tenerlas.

7. Las Fuerzas Espirituales ahora se están usando con el propósito de traer un conocimiento y sabiduría más elevados al mundo, como lo hicieron hace miles de años. En la mente del hombre es donde encontramos separación y distinción. Pero el Cristo, el Espíritu de Dios, sigue siendo igual siempre y es la semilla que está forzando Su camino a través de la oscuridad de la mente humana.

8. La tierra es la sustancia que rodea a la semilla de la planta; así la humanidad es la sustancia que rodea al Espíritu de Dios. La raza humana está creciendo a la madurez y tomará conciencia del Espíritu residente como la única Realidad.

9. La mejor manera de ayudar en este gran trabajo es cerrándole la puerta a los sentidos, porque cuando su ojo sea uno solo, todo su cuerpo estará lleno de luz.

10. La visión interna es la que ve este Poder supremo desarrollar su belleza e Inteligencia, que es Omnipresente, expresándose totalmente y no separada del todo, sino expresando el todo en Sí Misma en todos, y todos existiendo en el todo. No hay separación en ninguna parte, por favor recuerden esto. Esto debe echar raíces en su mente. Es el pilar sobre el que la roca de la Verdad se apoya.

11. La conciencia de Dios envuelve todo y todo está dentro de Su conciencia, de este modo Su Conciencia en ustedes manifestará Su imagen y semejanza.

12. Escuchen el latido de su corazón y perciban todo el torrente de la Vida de Dios pulsando a través de éste. En realidad, ustedes son uno con el Corazón de Cristo en el Padre.

13. Dios se regocija al manifestarse a través de los canales que Él ha preparado con este propósito.

14. Ustedes son los canales que Él está preparando y pronto sentirán el impulso. Que Yo haya venido con ustedes no es simple casualidad, sino que es el desarrollo del Espíritu que es el fundamento de toda la humanidad. El llamado nunca queda sin respuesta. Es la gran Cruzada del Cristo, que mora en ustedes, que está abriendo camino en su conciencia. El interior debe expresarse en el exterior y el exterior debe

convertirse en el interior, entonces el hombre madura por el Espíritu de Cristo.

15. El mundo debe conocerlo, ya que él vive la Vida, y el cordero y el león dormirán juntos. El cordero de Dios es el gran Poder dentro del hombre; el león es el hombre de los sentidos, indisciplinado, que no se conoce a sí mismo, pero es dominado por el Cordero de Dios, el Cristo interno. El Amor vence todas las cosas. El Amor es Dios y Dios es Amor.

16. Esta Vida palpitante se deleita a Sí Misma en ustedes, cuando ustedes se deleitan en Ella.

17. Dios es omnipresente y eterno, y ustedes están con Él. Para ser como Él, deben saber que no puede haber separación, ni distinción.

18. Quizás no comprenden del todo lo que quiero decir cuando digo "ni separación, ni distinción". Cuando ven distinción están viviendo en la separación, están viviendo en la personalidad de los sentidos. Cuando están viviendo en la separación, ven distinción y al ver distinción, sienten la separación y ésta es la gran ilusión.

19. La distinción es producto de la mente, pero notarán que no hay distinción en el Ungido de Dios, no hay distinción en el Espíritu de Dios en ustedes. En todos y cada uno de ustedes está el mismo Espíritu. En ese Espíritu tienen el poder, porque nada puede atacarlo. Percíbanlo ahora en su vida y sean libres. Ésta es la libertad de la Verdad, la Verdad que los hace libres.

20. Sólo en su creencia de separación tienen distinción y por eso sienten la separación. Por eso, deben discernir todo lo que provoca la separación antes de que puedan conocerme.

21. Abran sus ojos y vean a Dios en todas partes. Esta conciencia de Dios se está esparciendo por toda la tierra, ya que cada uno se siente pulsando con Amor con el "Único" Corazón.

22. En el corazón de Dios hay un Amor eterno y el Cristo es uno con el corazón de Dios y este Cristo es el Salvador de la Raza.

23. No hay sino un Cristo en la creación del mundo y todo existe por Él, y nada que se haya hecho pudo haber sido hecho sin Él, y por Él llegaron a Existir. Éste es el Hijo, el único Hijo encarnado de Dios, el único Cristo, el gran hombre Divino en Quien todos nos movemos y tenemos nuestro Ser, y Él se mueve en todos y cada uno de ustedes.

24. El Cristo Divino es la expresión consciente del Padre. Él está consciente de todas las cosas, consciente del poder para crear, consciente de todas las cosas que existen en el mundo, consciente de Sí Mismo en todas y cada una de las personas, y no hay separación en Él.

25. Piensen entonces en este único hombre, santo Divino, existiendo en todos y cada uno de ustedes. Él es completo en Sí Mismo, masculino y femenino.

26. Antes de que puedan conocerlo deben deshacerse de las falsas creencias de separación, creencias que engendran odio, creencias que no se basan en Mí.

27. No pueden tener creencias de separación cuando se dan cuenta de la Verdad del único Espíritu Eterno de Vida, que ahora se manifiesta en ustedes y en mí. ¿Pueden ahora seguir con una creencia que los separe de sus hermanos y hermanas?

28. No se aferren con demasiada fuerza a la vida terrenal, porque no es sino una etapa preparatoria en el crecimiento del Cristo en ustedes.

29. Muchos se están sosteniendo con mucha fuerza a la vida terrenal y a las cosas que existen en ella.

30. Usen estas cosas con sabiduría, pero no se aferren a ellas y no permitan que ellas se aferren a ustedes. Son para su uso, para prepararlos en un desarrollo mayor, una mayor fuerza, poder y gloria.

31. No teman; no pierden nada que sea real. Cristo es su única Realidad y es el Eterno Hijo de Dios.

32. Nunca se pierde un amor. Es la expresión de Dios y se manifiesta a través del ropaje que lo envuelve.

33. Cuando empiezan a percibir esto, todos en la tierra sabrán que Es el Amor de Dios que Se está expresando a través del alma. El cuerpo es el ropaje a través del que se expresa la Vida en el físico.

34. No deben despreciar este ropaje, sino consagrarlo a Cristo, percibiendo el poder supremo que hay en él. Y cuando consagran este ropaje al Cristo, así se volverá como el interno y el interno se volverá el externo. De este modo, vuelven a nacer, esta vez no en la carne, no por la voluntad del hombre, sino por

el Espíritu de Dios. Porque yo he dicho, "No llamen padre a ningún hombre en la tierra, porque uno es su Padre que está en el cielo".

35. Regocíjense y no teman. El temor no es sino la visión borrosa que les impide ver con claridad. Nubla su visión Espiritual, pero sólo por un tiempo; porque la libertad llega a través del Cristo Eterno en ustedes.

36. Todo el temor se disipa por el Amor, porque el Amor saca al temor. El temor al mal, el temor al hombre, el temor a Dios, todos son producto de los sentidos materiales y no están basados en la Realidad.

37. El Amor de Dios los libera de todos estos temores que los separan de Su Presencia Divina.

38. Por lo tanto, no teman al hombre ni bestia; tampoco le teman a Dios, sino Ámenlo. Cuando esta naturaleza verdadera del Cristo se revele en su propia conciencia, está el poder que tuvo Daniel en la guarida de los leones. Este poder también es de ustedes.

39. Nada en la tierra o en los cielos puede dominarlos, al reconocer el hecho de que este Cristo, el Espíritu de Dios en ustedes, es todo el poder en Sí Mismo y es el Principio Creador detrás de todas las cosas que existen en el cielo y en la tierra. Cuando se den cuenta de esto, no temerán.

40. Los inferiores están buscando a Dios de una u otra manera. Como discípulos míos su trabajo es mostrarles el verdadero camino a través del Amor y el ejemplo. No por simples palabras, sino por amabilidad, por amor, por entendimiento.

41. Mucha gente teme la experiencia llamada muerte. Pero cuando atraviesan por esta experiencia descubren que son un alma viva que respira, más viva que nunca, porque el alma es la que respira, no el cuerpo.

42. La muerte no es sino una puerta hacia una expansión mayor del Cristo, la flor que crece y florece en Dios, y cuando descubren que son almas vivas que respiran más vivas que nunca, los abruma. El único deseo es que ustedes quieren regresar con sus seres queridos para contarles la maravillosa verdad de la gloria que han encontrado.

43. Muchos han regresado con ustedes, pero sus oídos están sordos y sus ojos están ciegos. Todos deben pasar por la misma experiencia y este es el gozo de aquéllos que ya pasaron por la experiencia llamada muerte. Este gozo que todos experimentarán está fuera de la comprensión del sentido mortal.

44. Toman más conciencia de la libertad de la Vida, porque el alma respira fuera de la carne.

45. El cuerpo es el Templo del Espíritu. La Vida del Espíritu es eterna. Descubren que todo lo que pensaron cierto se convierte en una realidad.

46. En sus mentes han representado la experiencia de volver a ver a sus seres queridos y conocerlos cara a cara; en verdad les digo que esto es real. Aún aquéllos que los lastimaron y aquéllos que ustedes también lastimaron por ignorancia, se regocijarán al volverlos a encontrar.

47. Ésta es la eterna ley del Espíritu, el desarrollo del Cristo. Cuando la conciencia se da cuenta de esta vida interior, tiene lugar un cambio en la conciencia y todos estos odios desaparecen. Entonces, es prudente que ustedes comprendan esto mientras siguen en la tierra.

48. Algunos que nacen en la ignorancia mueren en la ignorancia. Ahora no será este su destino. Se disuelve la bruma y queda la belleza del Ungido de Dios.

49. Cuando hablo del Ungido de Dios sé que están empezando a entender lo que significa el Cristo. Es el gran Hombre Divino de Dios. Cristo es el Hombre Divino en la tierra que incluye a todas las almas humanas. Como las células que existen en un cuerpo, así cada uno de ustedes existen en el Ungido de Dios. La semilla de Dios está en ustedes y es seguro que crezca a la madurez.

50. No se puede experimentar un gozo mayor que cuando aquello que vagamente pensaron se convierte en una Realidad. Descubren que no han perdido nada, sino que ganaron todo con una nueva comprensión.

51. Se regocijarán por la sensación ilimitada que se apodera de ustedes, mientras que las falsas creencias caerán de ustedes.

52. Serán la misma alma viva, sin importar de qué manera abandonen su cuerpo. Siguen siendo ustedes; y en todos aquéllos que amaron encontrarán un amor mayor y una mayor atracción, un mayor entendimiento, porque nada se pierde en el amor.

53. ¿No les mostré mis manos y mis pies a mis discípulos? Yo era el mismo que conocieron en la tierra. Sin embargo, yo sabía que era el Ungido de Dios y también cada uno de ustedes debe llegar a percibir esta Verdad, porque a través de la comprensión de ello llega el "conocimiento" —un conocimiento consciente que la ignorancia no puede destruir.

54. La ignorancia nubla la Realidad en ustedes. Casi toda la gente aprende lentamente por las falsas creencias.

55. Entonces, olviden todo el error y la ignorancia, y entren totalmente a la verdad de su Ser ahora.

56. ¿Pueden entrar en esto ahora? Son seres vivos. Es la Vida de Dios la que vive en ustedes; como seres vivos existen en Dios y no fuera de Él. Cuando se ha comprendido esto, hay una expansión de la conciencia, un conocimiento de la Realidad, un conocimiento de la Realidad Eterna que existe y no tiene fin, ¡Ah, sabrán esto! Ahora los hará libres.

57. Ni mis discípulos lo entendieron del todo hasta que volví a aparecerme a ellos.

58. El eterno Ungido de Dios vive eternamente. Pero no pudieron comprenderlo del todo; ellos eran personas como ustedes, pero a través del Espíritu del Cristo se convirtieron en mis Apóstoles.

59. Yo sé que, aún ahora, muchos de ustedes aquí no están entendiendo totalmente que soy Yo quien les habla.

60. Tampoco Tomás creyó. Él también quería ver mis manos y mis pies, y meter su mano en mi costado antes de que pudiera creer.

61. Ocho días después fue cuando mis discípulos se reunieron y Tomás estaba con ellos. Tomé su mano y la puse en mi costado, y le mostré mis manos y mis pies. Tomás fue vencido y exclamó, "Mi Señor, mi Dios".

62. Él estaba abrumado por la comprensión de que después de la experiencia llamada muerte, uno siguiera vivo y en esto está el secreto del poder en todo, pero pocos pudieron comprenderlo por completo.

63. En la comprensión de esto mora el poder del Cristo en ustedes. Por esto lo hice el punto más grandioso de mi trabajo. Muestra que este mundo no es sino una etapa preparatoria en el desarrollo del Cristo interno. Esta comprensión es lo que también necesitan, entonces todo el poder se les dará en el cielo y en la tierra.

64. Tomás creyó porque había visto. Pero yo les digo qué benditos son aquéllos que sin haberme visto, han creído.

65. Aquello en lo que Dios respiró el aliento de Su Vida nunca puede morir. Sólo el muerto que cree en la muerte entierra a sus muertos. El Cristo de vida no muere.

66. Si pudieran voltear sus ojos hacia adentro y ver lo que Yo estoy viendo en este momento a través de estos ojos, adquirirían una mayor comprensión.

67. Sí, sus ojos verán y sus oídos escucharán con un nuevo entendimiento del Ungido de Dios Vivo.

68. Aquéllos que están cansados y agotados descansarán como nunca antes habían descansado.

69. Aquéllos que han sufrido mientras estaban en la tierra y han atravesado por la Puerta de su Getsemaní, quizás algunos ancianos y achacosos, con un recuerdo de su condición mientras estaban en la tierra, descubrirán que sólo es una imagen en la mente que necesita descartarse. No obstante, el alma queda marcada por el tiempo que estuvo. Pasan a un sueño profundo, el alma duerme, después despierta en la Realidad del Cristo, son rejuvenecidas y libres de todas las condiciones que marcan la memoria.

70. Sí, si quieren, podrán reproducir una condición para mostrarles en la tierra quiénes eran. Pero de inmediato regresan al interior, descartan estas condiciones y viven en la comprensión del Cristo la Perfección de Dios.

71. Algunas veces es difícil hacer que aquéllos de la tierra crean la verdad de que el Cristo Eterno, que mora en todos y cada uno, es el Mismo Padre.

72. Entonces, aquéllos que están cansados y agotados descansarán como nunca antes habían descansado. Y cuando despierten encontrarán que lo mejor y más elevado que alguna vez pudieron imaginar, es cierto.

73. Sus seres queridos no están lejos, sino presentes con ustedes, como siempre han estado desde que

partieron, pero sus sentidos materiales no los dejan ver su presencia.

74. Oh, cuánto intentarán ayudar a aquéllos que han amado y abandonado, pero todo esto está guardado para todos. Éste es el gran alivio que sienten. Sin embargo duele ver que ignorante es el mundo sobre la Realidad de la Vida.

75. Mis palabras traerán a su conciencia la comprensión de la verdad de la Realidad — que ustedes también son eternos porque viven en la Realidad. Viven, se mueven y tienen su ser en Él que los creó y Él vive en ustedes.

76. Entonces empezarán su desarrollo, que nunca cesa con una mayor comprensión de Dios, un mayor amor a Dios, una mayor comprensión de Su maravilloso Universo en el que viven, se mueven y tienen su existencia.

77. Si pudiera grabar ahora en su mente todo lo que existe, quedarían libres de todo temor y duda.

78. Lo más grandioso de todo es el "Amor" — el Amor que no tiene principio ni fin. Siempre Se está manifestando y, como ustedes están atrapados en Su opulencia, así aman como el Ungido de Dios que ha resucitado.

79. Su Padre despliega en ustedes Su amor y el Cristo es el amor en ustedes.

80. Yo anhelo que conozcan a este Cristo que reside en ustedes; para que puedan comprender que no hay separación entre nosotros.

81. En la casa de Mi Padre hay muchas mansiones. Éstos son los diversos grados de conciencia. Una conciencia se desarrolla, así manifiesta aquello que desarrolla.

82. Tiene lugar un desarrollo a través de la conciencia y manifiesta lo que desarrolla. Lo que se percibe, se ve y se comprende. Su conciencia es el medio por el cual el Ungido de Dios se manifiesta, desarrollando lo grandioso que está más allá.

83. El Ungido de Dios está encarnado y mora en el interno, más cerca que las manos y los pies, y puede escuchar aún antes de que pidan.

84. Cuando piden con fe, comprendiendo que el lugar de la creación está en ustedes, no hay nada que el Padre no hará por ustedes si Se lo piden en mi nombre. Entonces, pidan en nombre del Ungido de Dios que está en su interior. Los escucharé y lo que pidan les será dado.

85. Porque ustedes son los sarmientos en la vid que porta mi fruto: sí, capaces de abundantes frutos. Conmigo pueden hacer todas las cosas; sin mí no pueden hacer nada.

86. Yo no soy nada por mí mismo; es el Espíritu del Padre en mi interior el que habla; Él hace todas estas cosas y más.

87. Yo estoy detrás de todo pensamiento y palabra, y soy omnipresente, y mi Amor es la llave para todo el conocimiento, sabiduría y poder.

88. Mi amor desarrolla su conciencia en el reino interior y, como el Amor se desarrolla en ustedes, así saben más de mí.

89. Aún si hablan con elocuencia y no tienen amor en su corazón, no son sino un címbalo que tintinea.

90. Aunque adquieran todo el conocimiento y practiquen una doctrina que pueda hacer todas las cosas, pero sin Amor en su corazón, lo que hagan no les dará provecho.

91. Si le dan limosna al menos afortunado y alimentan al pobre, pero sin amor, no han hecho nada.

92. El Amor no se comprendió; Es amable y sufre la injusticia sin reproches.

93. El Amor no regresa maldad por la maldad, sino bondad por la maldad. En los apacibles, el Amor los guía con buen juicio.

94. El Amor es todo el poder, sin embargo, es humilde. El Amor no hace alardes en vano, ni presume de sus logros.

95. El Amor nunca falla, porque el Amor es Dios y Dios es Amor.

96. El Torrente de Amor Divino fluye en su corazón cuando su Corazón late con el Corazón del Amor. La paz llega a su mente y su alma irradia la verdadera naturaleza de nuestro Padre en el cielo.

97. ¡Disfruto hablándole a mi Padre que es Amor! Su Amor saca todo el temor; ningún daño puede

acercárseles con Su Amor en su corazón. Estén en paz entonces y sepan que Yo estoy con ustedes.

98. El Amor siempre está entre ustedes y mora en la amistosa oscuridad que los rodea.

99. No le teman a esta oscuridad, porque Yo soy la Luz que domina la oscuridad. Pero la oscuridad no comprende a la Luz, porque la Luz sola comprende.

100. La obscuridad no es sino una sombra en la mente, pero a través de ella y por el Cristo, florece en el poder y la gloria. Perciban este poder y todas las condiciones se les pasarán. No retrocedan de las responsabilidades ni de ninguna tarea, aunque sea una cruz. Encontrarán alegría en el desarrollo al vencerlo, porque *ustedes* sabrán que son la luz del mundo que vence a la oscuridad.

101. La Luz es la que comprende; la oscuridad no comprende. Donde hay Luz, la oscuridad desaparece.

102. El alma que busca el alimento del Cristo en su interior se vuelve fuerte. Es la casa que está construida sobre la Roca de la Verdad, que nada del exterior puede dañarla.

103. Busquen mi Amor Silencioso que mora en su interior. Amen a todos, bendigan a todos con Amor y yo los bendeciré cien veces.

104. Como Yo me deleito en ustedes cuando bendicen con Amor. Yo estoy trabajando en ustedes cuando aman y cuando bendicen con amor, yo estoy a su lado, porque Yo soy Amor.

105. No busquen ganancia o recompensa por su amor, no exhiban su amor ante los hombres, sino Amen en secreto. Hagan todas las cosas que lleguen a su mano por el Amor a Dios, no para agradar a los hombres.

106. Ustedes son el futuro, el pasado y el presente. Aprendan esto en este momento, para que pueda trabajar en ustedes ahora; entonces todo lo que es irreal será alejado al abismo donde pertenece.

107. Todos están justo donde deben estar para hacer este trabajo y Dios no puede fallar cuando están vivos con el Cristo, porque ustedes son el Sarmiento en la Vid que produce Mi Fruto.

Ahora entremos al Santuario.
Vean hacia mí.

Silencio

"Mi Paz y mi Amor que les doy permanecerá con Ustedes"

Notas del Escritor:
    Una hermosa luz violeta llenó el salón cuando el silencio avanzaba, y cuando el Maestro se fue había una sensación de Amor y Paz que no puede describirse con palabras.

Plática 14

Yo Soy el Buen Pastor y mi Rebaño conoce mi Voz

*Les traigo mi Paz y mis Bendiciones
para que queden con ustedes*

1. Éste es un momento maravilloso para todos ustedes, porque están creciendo naturalmente en el Ungido de Dios, su verdadera existencia Espiritual.

2. Aún su cuerpo será sintonizado con la Ley Superior. Ustedes no se convierten en su propia idea; ustedes son la Idea de Dios.

3. La gran Verdad es que nadie puede alterar o cambiar la Idea de Dios. Está diseñada para florecer, para llegar a la madurez. Nada puede obstaculizar su progreso. Aquello que aparentemente obstaculiza la

expresión de la Idea Divina no es un obstáculo, sino un medio para adquirir experiencia.

4. No teman al mundo, porque el mundo no puede conquistarlos, sino el poder del Cristo interior conquista al mundo. Todas las condiciones deben considerarse como experiencias; entonces saldrán de ellas más fuertes. También sabrán que su fuerza viene del interior y no del exterior. Esta fuerza siempre está con ustedes; Es el poder del Ungido de Dios.

5. Esto no puede fallar, porque han abierto el camino hacia la Ley Superior a través del reconocimiento del Cristo de Dios en ustedes.

6. De inmediato reconocen al Ungido de Dios como la única Realidad, la Realidad que es eterna y perpetua, entran a la ley superior que se está expresando a través de ustedes, por su reconocimiento de esta Verdad. Cuando esta Verdad no se reconoce, hay lo que llamamos la ley natural y cada persona está sujeta a ella. Pero cuando la ley superior suplanta a la ley natural, Tiene el poder sobre la naturaleza; éste es el Cristo que está en su interior.

7. Reconozcan esta ley superior ahora, a través del reconocimiento del Ungido de Dios como el Creador de todas las cosas en el cielo y en la tierra, y a través de Él todas las cosas llegarán a ser — la palabra que está con Dios, la palabra que es Dios, esta palabra encarnó manifestándose entre ustedes. Así la palabra de Dios se mueve en y a través de ustedes; ésta es la Verdad de la Vida perdurable, la Vida que es eterna.

8. Digan en su corazón con Amor y comprensión, "Que se haga Tu Voluntad en mí" y el Cristo se moverá en ustedes, porque el Cristo es Dios Manifestado en la carne.

9. El Cristo es Dios manifestándose en la carne. Repito esto, así penetrará en su mente. Al reconocer y comprender esta Verdad surge una fuerza extraordinaria con ustedes; el Cristo es Dios manifestándose en ustedes ahora.

10. Su pensamiento más profundo y más elevado está en la conciencia del Absoluto.

11. Por lo tanto, entre más elevado el pensamiento, tiene más poder. Su voluntad se hará en mí. La voluntad de Dios se está manifestando en mí ahora. Ningún ser celestial o terrenal puede alterar la voluntad del Padre. Es fundamental; en esta comprensión la conciencia se da cuenta del pensamiento más elevado, del más profundo del Absoluto. Su Voluntad se hace en mí.

12. En esto radica el gran poder en el cielo y en la tierra.

13. Éste es el poder que disolverá toda la discordia, todo aquello que por Sí mismo no sea cierto.

14. Su tesoro está donde su corazón esté y su tesoro debe representar continuamente la Verdad del Cristo, "El Padre y Yo somos Uno".

15. Piensen profundamente en esta verdad, porque es la luz concentrada de su propia conciencia, una

luz que se está expresando en su alma por medio del Cristo en ustedes. "El Padre y Yo somos uno". Es la voluntad del Padre que ustedes puedan expresarlo en toda Su Gloria, en todo Su Poder, en toda Su Sabiduría, en todo Su Amor.

16. No repitan mis dichos como simples frases; léanlas una y otra vez, como si las dijeran en sincera oración.

17. Cuando oran debe haber un sentimiento de reverencia y cerrarse al exterior; entonces entran al interior. Cuando oren, sientan su unidad con Él quien los creó dentro de Sí Mismo.

18. Si repiten mis dichos de esta manera, con entendimiento, muchas cosas se les revelarán.

19. La voz interior hablará en ustedes, la visión interna se abrirá para ustedes. En este tabernáculo de Dios hay un Silencio de Oro de Amor que los protege de todo el condicionamiento, un silencio que los lleva a la presencia del Todopoderoso.

20. Entonces lo irreal, la sombra, desaparecerá y lo real Se revelará en ustedes.

21. En efecto, estoy contento por haber estado con ustedes en esta corta sesión en la enseñanza sincera. No me vean lejano y separado de ustedes.

22. Aquello que sucedió en el pasado lo relegan en su memoria, pero las cosas del pasado están con ustedes en el presente. Entonces, perciban conscientemente la presencia de Dios, el Cristo, que siempre está

con ustedes. Pueden crear sólo en el presente, nunca en el pasado o el futuro; sólo en el Eterno Presente.

23. Su disfrute en mi presencia puede ser continuo y así pueden aprender de mí, por su pensamiento constante de mi presencia con ustedes.

24. Mis palabras son Vida para ustedes. Crean en mí y tengan valor; su mismo deseo de ayudar, cuando sea desinteresado, ya está hecho.

25. El deseo de ayudar debe venir del corazón. En su corazón encontrarán una Presencia que vendrá y Se expresará en y a través de ustedes, y su deseo se cumplirá.

26. Recuerden que no puede haber separación cuando desean ayudar y el deseo que sale del corazón se hace de inmediato porque su Padre lo escucha; Él es el Sirviente de todos.

27. Tienen la victoria sobre todas las cosas a través del Cristo interno.

28. El Cristo es el Eterno Hijo de Dios manifestado en la raza humana. Con este entendimiento llegan a lo más elevado posible mientras están en la carne.

29. Mientras viven en la carne reconocen que hay influencias de la carne. Pero estas influencias no son influencias malas; son el medio por el cual obtienen la comprensión de las cosas.

30. Salen de estas cosas igual que una semilla, cuando se planta en el suelo, crece y florece, y también

produce semillas; así hace el Espíritu de Dios lo mismo en ustedes. El Espíritu de Dios no siempre está confinado a la carne; Crece fuera de las condiciones mortales a las inmortales, ya que siempre fue inmortal. La Vida en el cuerpo de ninguna manera está separada de la totalidad de la Vida.

31. Estudien mis dichos y el velo será levantado de sus ojos; el hijo del hombre con ustedes, para vencer su creencia en la separación.

32. Hay libertad en el Cristo, pero Cristo vive en la raza humana como el Hijo Eterno de Dios. Este poder supremo armonizará a todos los seres en una sola familia. El Espíritu en todas y cada una de las almas reconocerá la fuente de su existencia.

33. En el reconocimiento de esto hay libertad. El ser interior se expresa en el exterior, esto es, "Hágase tu Voluntad en la tierra así como en el cielo".

34. El hombre es lastimado por el hombre una y otra vez, y hasta que el hombre no sea crucificado por su propia locura abrirá sus ojos a la gran "Unidad" de todo a través del Ungido de Dios.

35. Yo no hablo por mí mismo; Es el Padre quien siempre permanece en mí, que es el Padre de todo y de todos. Él es quien habló en mí y para mí. La misma Vida en el Padre está en el hijo.

36. Dejen que la sensación de las personalidades pasen de su mente, entonces verán la gloria de Dios, Su único Hijo encarnado que reina eternamente.

37. Las personalidades no son sino la máscara que está puesta en el exterior y mientras se sigan aferrando a las personalidades vivirán en la ilusión.

38. Muchos están viviendo en la personalidad de Jesús, teniendo como resultado que dejen de ver al Cristo eterno en todos. Por eso he venido a decirles, para que todos sepan que el Ungido de Dios es universal.

39. Su trabajo es co-operar con Cristo, para que puedan ser vías para la sanación en todo tipo de maneras.

40. Dense cuenta que el Espíritu es la única Realidad. Este Espíritu vitaliza su alma y su cuerpo, y es el único poder que hay. Ustedes viven, se mueven y tienen su ser en Dios y Dios vive en ustedes. Es el Mismo Dios que se expresa a Sí Mismo. Conocer esto por completo, simboliza la libertad en su vida ahora. Éste es el camino hacia la Verdad de la Vida eterna. "Que no saben que Yo estoy en el Padre y el Padre está en mí".

41. El perdón de Dios es espontáneo, e instantáneamente todos los errores se borran de la afluencia de Su Amor Perpetuo. Entonces, no obstaculicen el regalo Divino por arrepentimientos, tristezas o remordimientos.

42. Entendiendo esto, el amor de Dios fluye al corazón que se abre a Ello; entonces esto se manifiesta en la carne. Si están tristes en el remordimiento, con arrepentimientos, su mente está llena de sombras,

pero cuando el Amor de Dios los llena, no hay lugar para las sombras, éstas se disuelven.

43. La única condición es que ustedes mismos se abran a Él, para que Él pueda llenarlos con Su Amor perpetuo.

44. Benditos sean los misericordiosos, porque en ellos Yo habitaré.

45. Regocíjense, porque su retribución se incrementa en el Cielo. El Cielo no es un lugar fuera de ustedes mismos; el cielo está dentro de ustedes y esta retribución se incrementa desde adentro. Su retribución es inmediata y va con ustedes, incrementándose en la eternidad.

46. En ustedes brilla la Luz del Mundo; entonces, dejen que la Luz se vea en sus obras y no sea por simples palabras.

47. Las palabras pueden engañar la mente del que está educado, pero las obras revelan la naturaleza de la persona. Deben hablar y sentir desde su corazón.

48. De esta manera, glorificarán a su Padre que está en el Cielo. El Reino del Cielo está en su interior. Qué maravillosa es la Verdad cuando se comprende — "El Padre y Yo somos uno".

49. Ustedes son aquéllos de quienes se ha dicho que son el pueblo de Dios — un pueblo entre todos los pueblos, sin fidelidades, excepto a Dios el Padre de todas las naciones y a Su hijo el Cristo, este único Hijo encarnado de Dios que mora en todas las almas.

50. Para ser mis discípulos deben ser Universales. No puede haber fidelidad excepto a Dios. Cualquier otra fidelidad limita la verdadera expresión de Dios, el Padre, en ustedes.

51. Entonces, aunque le digan a su hermano "Eres una niñera", "Eres un loco", ustedes son culpables de infringir contra la Ley del Amor.

52. Y cuando ustedes oren a su Padre en el Cielo, en primer lugar recuerden a todos aquéllos que tienen una queja contra ustedes. Reconcíliense con ellos en su corazón, entonces su Padre los escuchará.

53. Sólo cuando en su corazón estén reconciliados ahí hay libertad y perdón; entonces su corazón expresará su verdadera naturaleza y Dios el Padre que es Amor los bendecirá.

54. Porque en su corazón está la llave para entrar a la casa de mi Padre donde hay regalos guardados para ustedes.

55. No le agreguen palabras engañosas; no cuentan para nada — estas palabras no son escuchadas en el reino del Padre. Decir algo que no quieren, algo que no sienten, no es una oración.

56. Si pueden recordar mis palabras cuando oren, orarán en secreto desde su corazón, perdonando y perdonados, porque yo conozco el poder de Dios que mora en los corazones de aquéllos que me Aman.

57. Si ustedes hablan, con la Voluntad de Dios todo es posible y su palabra no regresará a ustedes vacía,

sino que cumplirá aquello que fue enviada a hacer. Piensen entonces dónde mora el poder de Dios.

58. Dejen que su corazón sea puro, para que pueda hablar conmigo, porque yo hago la Voluntad de mi Padre.

59. Muchos son amables con sus amistades y odian a sus enemigos, pero yo no tengo enemigos, todos son mis amigos y para ser como yo deben hacer lo mismo.

60. Nadie es su enemigo cuando aman suficiente. Cuando reconozcan esto, verán qué cierto es. Cuando se disuelven el egoísmo y la ignorancia, el Amor, que es la Verdad, se manifiesta. No puede haber enemigos en la Casa del Padre de Amor; todos deben morar en Amor y en Paz, de otro modo, no pueden entrar. Para entrar al cielo deben traer el cielo con ustedes.

61. Dios ama a Su hijo más desobediente; por consiguiente, también amen a todos aquéllos que les hacen una injusticia, para que puedan volverse como su Padre que está en el Cielo. El Padre es el que habla en mí. Estas palabras han sido grabadas para que puedan recordarlas, para que queden en ustedes.

62. Cuando se ha hablado la palabra y la escuchan, dura un tiempo, pero cuando se graba les regresará a su memoria el significado y la forma en que fueron expresadas mis palabras.

63. Porque si aman sólo a aquéllos que los aman, hay poco beneficio; pero si aman a aquéllos que los odian, entonces hay una gran retribución.

64. El Amor aleja la ira, y los poderes de la ignorancia de ninguna manera pueden hacerles daño.

65. Saluden a su hermano, sin que importe en qué condición pueda estar; puede ser más grande en el Cielo, aunque sea menor en la tierra.

66. Saluden a todos aquéllos que los saluden, porque en verdad les digo esto, que muchos que son menores en la tierra son más grandes en el cielo. Es bueno que sepan esto ahora, porque llegará el tiempo en que verán la gloria de Dios expresada a través del simple y del sabio.

67. De este modo, se vuelven perfectos como su Padre en el Cielo es perfecto.

68. No den limosnas y luego pregonen su bondad; mejor no dejen que su mano izquierda sepa lo que está haciendo su mano derecha.

69. Porque todo aquello que se hace desde el corazón su Padre lo sabe y lo retribuye generosamente.

70. Cuando oren a su Padre en el Cielo, deben entrar al Cielo cerrando las puertas de los sentidos que conducen al exterior.

71. Porque sólo en el corazón de corazones, donde está el Silencio de Oro del Amor, pueden ser escuchadas en verdad sus oraciones.

72. Entonces, entren al Corazón de Dios a través de su propio corazón con un pensamiento puro, desinteresado y libre, dejando afuera todo lo que le pertenece al exterior.

73. Recuerden, su Pureza está en mí, el Cristo de Dios.

74. Pidan perdón, no como lo haría un sirviente, sino como lo pediría un niño a sus padres, sabiendo bien que todo el perdón ya ha sido dado por el corazón que los ama.

75. Pedro preguntó cuántas veces debería perdonar un discípulo: ¿siete veces? No está escrito que mi palabra dijo siete veces setenta. Esto significa un perdón eterno. Su Padre en el Cielo los perdona en Su corazón en el momento que piden perdón. Debe ser igual en ustedes.

76. Porque su Padre conoce lo que hay en mi corazón y Él sabe que ustedes tienen necesidad.

77. Por consiguiente, oren de este modo en su corazón.

78. Padre nuestro que estás en el Cielo, santificado sea Tu nombre, que venga a nosotros tu Reino.

79. Que se haga Tu voluntad, en la tierra como en el Cielo.

80. Danos el pan para nuestras necesidades de cada día.

81. Y perdona nuestras ofensas como nosotros perdonamos a los que nos ofenden.

82. Y no nos dejes caer en la tentación, pero líbranos del error. Porque tuyo es el Reino y el Poder y la Gloria por siempre y para siempre. Amén.

83. Memoricen y repitan esta oración en su corazón. Díganla todos los días de su vida y encontrarán una fuente extraordinaria de poder, de sabiduría y de amor entrando en ustedes. El Padre hablará a través de ustedes; Él Se expresará en ustedes, en Su Amor, Sabiduría y Poder.

84. Su Padre en el Cielo ya les ha perdonado sus faltas cuando les perdonan a otros sus faltas.

85. Pero si no perdonan en su propio corazón, no puede haber perdón. En el corazón es el lugar de reunión de Dios y el hombre; pueden encontrarlo frente a frente cuando han perdonado todo.

86. ¿Entonces, qué podrán decir ustedes, si en su corazón no han perdonado a su hermano?

87. ¿Qué podrán decir cuando se encuentren con el Padre frente a frente? Él sabe lo que hay en su corazón.

88. Tampoco deben apreciar más las cosas del mundo que las cosas del Espíritu.

89. Los tesoros del Espíritu son perdurables, mientras que los tesoros del mundo son efímeros e inestables.

90. Yo no les niego las cosas del mundo, pero deben saber que las cosas del Espíritu son perdurables.

91. Donde esté su tesoro, también estará su corazón.

92. Los ojos son la ventana del alma; entonces no permitan que se confundan o se enfermen, porque si el alma está oscura así expresará el cuerpo esa oscuridad.

93. No se preocupen por lo que comerán o beberán, ni por lo que usarán sus cuerpos. La Vida es mucho más importante que todas estas cosas.

94. En la Vida existen todas las cosas; su Padre en el Cielo es el buen Proveedor; Él provee para todas Sus criaturas y ustedes son mucho más — ustedes son Sus hijos y son mis discípulos.

95. Todas las cosas crecen por Él que creó todo, porque Él existe en todo lo que Él creó.

96. Dios no está separado y aparte de Su creación. Él existe en Su creación y Su creación existe en Él. Si Dios no existiera en ustedes, no podrían vivir, porque no hay vida separada de Dios y si no existieran en Dios, Él no podría ser Infinito.

97. Su Padre conoce todas las cosas que son necesarias para ustedes y todas estas cosas se les darán a ustedes.

98. Primero busquen el Reino de Dios, la fuente de todas las cosas y todo será suyo.

99. La única condición es un corazón puro y la habilidad para recibir.

100. Cuando analicen estas palabras mías, verán la verdad suprema que está en ellas.

101. De este modo, el simple y el sabio quedan atrapados en el torrente del amor del Padre y se convierten en canales para la expresión de todo lo que Él tiene. "Lo que es mío es Suyo y lo que es Suyo es mío".

102. Recuerden que yo siempre estoy con ustedes y sepan que los clavos de mis manos y mis pies seguirán doliendo hasta que todos puedan regresar a mí, porque yo soy el buen Pastor y mi rebaño conoce mi voz.

103. Han hecho un grandioso trabajo, y aunque no se hayan dado cuenta de ello ustedes ayudaron mucho en ello. Por eso vine entre ustedes. Los he reunido, los he traído a mi Presencia, los he enlazado con las grandes Fuerzas Espirituales que los rodean, y la Protección de mi Padre los circunda.

104. El hermano que he ocupado, su conciencia ha sido incrementada de valor, y encontrarán que su trabajo en el futuro será aún más grandioso de lo que ha sido en el pasado.

105. Yo estoy siempre presente con ustedes, no piensen que los estoy abandonando ahora y yéndome lejos de ustedes, piensen en mí como el que siempre está entre ustedes.

"Que mi Paz y mi Amor siempre estén con Ustedes"

Ahora entraremos al Santuario del Poder de Sanación Silente.

Sólo vean hacia mí.

Silencio

Te doy las gracias, Padre — ahora Yo asciendo hacia Ti.

Notas del Escritor:

Una luz brillante fue visible, mientras se escuchaba música y campanas, cuando el Maestro salió del hermano. Esta luz llenó todo el salón y un poder extraordinario se sintió. Todo pasó fuera del auditorio y no se dijo ni una sola palabra.

Nada se agregó, nada se eliminó de las palabras habladas por el Maestro; están como se dijeron.

En verdad, una maravillosa demostración del hecho de que el Maestro aún sigue con nosotros.

Contenido

Prólogo 5
    Pláticas dadas a través del
       Dr. MacDonald-Bayne 9

Plática 1
    Yo soy la Resurrección y la Vida,
       el Amor de Dios 21

Plática 2
    "...Y una Voz llegó del Cielo" 45

Plática 3
    Cristo es la Vida en Ti 67

Plática 4
    Yo soy la Vid Verdadera
       y Ustedes son los Sarmientos 87

Plática 5
    Porque Yo Vivo, así Ustedes también Vivirán ... 103

Plática 6
    El Espíritu del Padre que me Resucitó de
        entre los "Muertos" mora en Su Interior 119

Plática 7
    Mis Palabras son del Cielo 139

Plática 8
    El Reino del Cielo está en el Interior 157

Plática 9
    Aquél que me ha Visto, ha Visto al Padre 177

Plática 10
    Benditos sean los Puros de Corazón,
        porque Ellos Conocerán a Dios 199

Plática 11
    El Espíritu de Dios está Encarnado
        en el Cristo de Dios en Ustedes 221

Plática 12
    Así se ha Elevado el Cristo 243

Plática 13
    Ustedes son los Sarmientos en la Vid
        que Alberga mis Frutos 263

Plática 14
    Yo Soy el Buen Pastor y mi Rebaño
        conoce mi Voz 281

TÍTULOS DE ESTA COLECCIÓN

Fuerza y Poder de la Oración. *Varios*

Iniciación a la Magia Blanca. *Marco A. Acosta V.*

La Fe en la Oración. *Antología*

Pequeño Gran Diccionario de Metafísica. *Varios*

Saber Florecer. *Beyson M.*

Voces del Cielo. *Anrias D.*

El Poder de la Mente. Reflexionando con Emmet Fox. *Marco A. Garibay M.*

La Llave de tu Felicidad. Reflexionando con Saint Germain. *Marco A. Garibay M.*

Cuando un Amigo se va... *M. A. Garibay*

El Salmo Nuestro de Cada Día. *Antología*

Palabras de a Centavo. Reflexionando con Conny Méndez. *M. A. Garibay*

Oraciones Mágicas para Toda Ocasión. *Antología*

La Santa Cruz de Caravaca. Oraciones y Milagros

Volteando hacia la Luz. *Anónimo*

Amigo de mi Corazón. *Claire Blatchford*

Cómo Usar el Poder Divino para Lograrlo Todo. *Mark Age*

Sanación Divina de la Mente y el Cuerpo. *Murdo Mac Donald-Bayne*

Meditación Práctica. *Steve Hounsome*

Impreso en Offset Libra

Francisco I. Madero 31

San Miguel Iztacalco,

México, D.F.